한 말씀
꽃이 되다

솔뫼 정현식

대한불교조계종 ☯ 불교신문사

붓다의 말씀 108편
향상일로의 선한방편 도리로
장엄해놓은 아름다운 회향

경주 구미산 적연당 봄 창 아래에서
솔뫼 **정현식**

일러두기
작품규격은 108편 모두 동일한 규격입니다. (가로×세로, 세로×가로)

큰 말씀은 천지간에 가득하지만 어두운 자들은 들을 수 없습니다.

고막이 찢어지고 핏줄이 터지고 환희심에 어깨춤을 추게 되는 8만4천의 법문은 근기에 따른 방편가설을 열어 말씀 하셨습니다. 구절구절 문자 밖의 소식과 격외 도리를 드러내신 말씀에 너무 아프고 매워 거친 붓과 수행력 부족으로 천근만근의 번뇌 망상의 무게를 감당할 수 없어 깊은 신열에 들기도 하였습니다. 한 말씀, 한 말씀이 일어난 자리도 사라진 자리도 없는 종지를 들어내는 고함과 방망이이며, 때로는 버들강아지의 솜털을 스치는 훈풍 같으며, 근원적 본래심의 진리의 경계인지라 먼지 하나 머물수 없고 무명 업식의 먹구름을 몰록 쓸어버리는 희유한 거룩함에 체루비읍(涕淚悲泣)할 뿐입니다.

부처님의 말씀은 이미 떠나 버렸고 문자의 기록이 아니면 전 할 수 없기에 서툴지만 용기를 냈습니다. 부족한 능력으로 108점 말씀의 선택은 물론 작품을 남긴다는 것이 자신에게는 공부의 점검과 회광반조의 일이지만 구멍 없는 젓대를 부는 격이고 밑 빠진 독에 물 채우는 일이었습니다. 한동안 주머니에 넣어서 혼자 즐기길 안쓰러워 무딘 붓끝과 근본무명 업장의 촉수 낮은 감성을 담아 서예와 인문학이라는 깊은 사유 속에 50년이 넘은 서예와의 귀한 시절인연을 통해 수행한 득필로 천금 만금의 불보살의 말씀 중에서 108편을 향상일로의 선한 수행방편의 도리로 장엄 해놓은 한권의 책으로 회향하게 되었습니다.

저에게 서예는 심오한 수행방편이며 단순 글씨를 쓴다는 경계를 넘어 청아한 울림이고 찬탄이며 벅찬 기쁨은 내가 만든 나의 경계를 넘어서는 창작의 위대함에 있다. 기회가 주어진다면 다음 생에도 이 공부는 진행 될 것이며 지금도 후회 보다는 고마움에 좋고 싫음을 벗어나는 자리이고 장엄한 한 채의 적멸보궁입니다.

둔한 감성으로 덜 익은 작품이지만 불제자의 생에 매일 면전을 출입하는 주인공의 종지가 들어서길 바라오며 한 작품, 한 작품을 안고 읊조리고 간절히 살펴서 문 닫고 찾고 또 찾던 곳, 색도 소리도 의식도 아닌 절대지의 묘경처에 들고 안목이 열려 마땅히 위없는 깨달음에 들어 괴로움을 소멸하는 진리의 길에 들길 바랄 뿐입니다. 눈 뜬 자는 시골 한적노인의 말씀도 법담이 됩니다. 아는 자는 크게 웃고 모르는 자는 더 소리 내어 웃을 일입니다. 저에게 손 내밀어 잡아주신 불교신문사 사장 정호스님과 모든 불보살님의 가피에 고개 숙입니다

시골서생의 근대 수 낮은 마음으로 꽃으로 피어난 말씀, 정성 다한 붓 맛을 같이 회통하고 아름다운 공존의 시간과 붓다의 자상한 보살핌 속에 지혜광명의 자리가 되길 바랍니다.

붓글씨로 만나는 붇다하 맞숨

보시는 주렁주렁 열매가 되고 | 007

상강과 맞서는 줄기가 되고 | 065

가엾이 여기는 마음은 뿌리가 되고 | 123

참는 마음 너울너울 가지가 되고 | 181

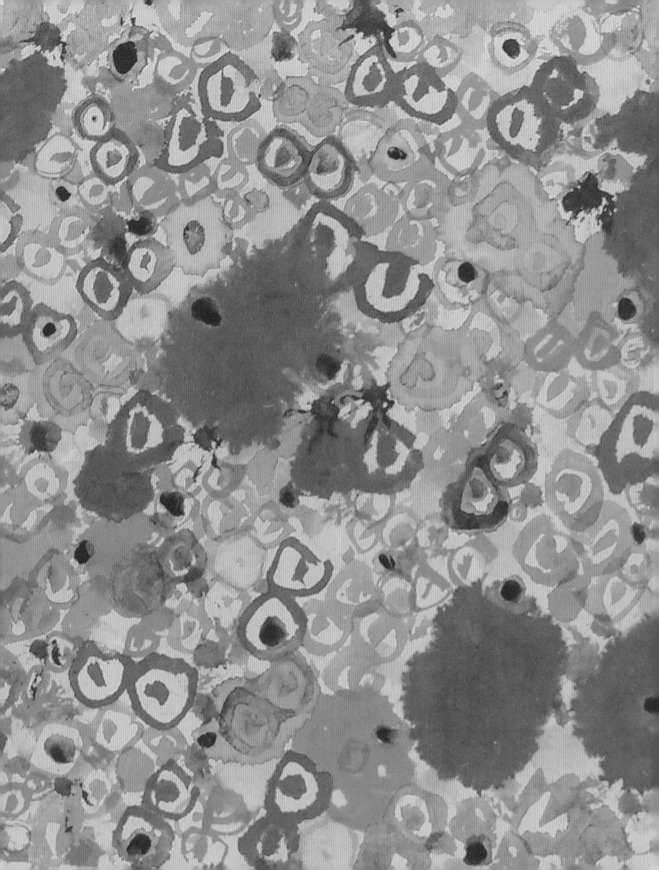

보시는 주렁주렁 열매가 되고

사람들로부터 멀리 떨어져서 홀로 숲속에 사는 것은 진정한 은둔이 아니다.
진정한 은둔이란 좋고 싫음의 분별로부터 자유로워지는 것이다. (반야경)

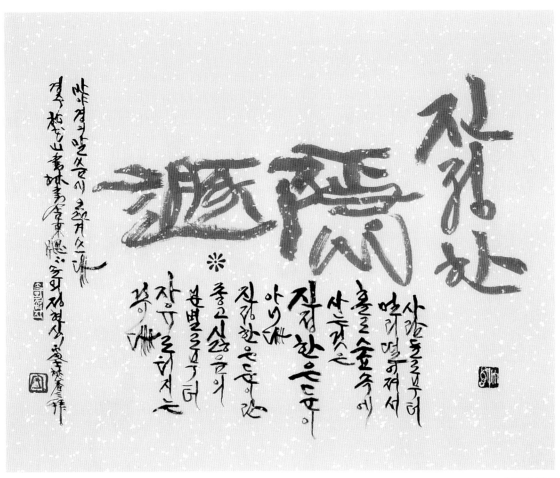

진정한 隱遁

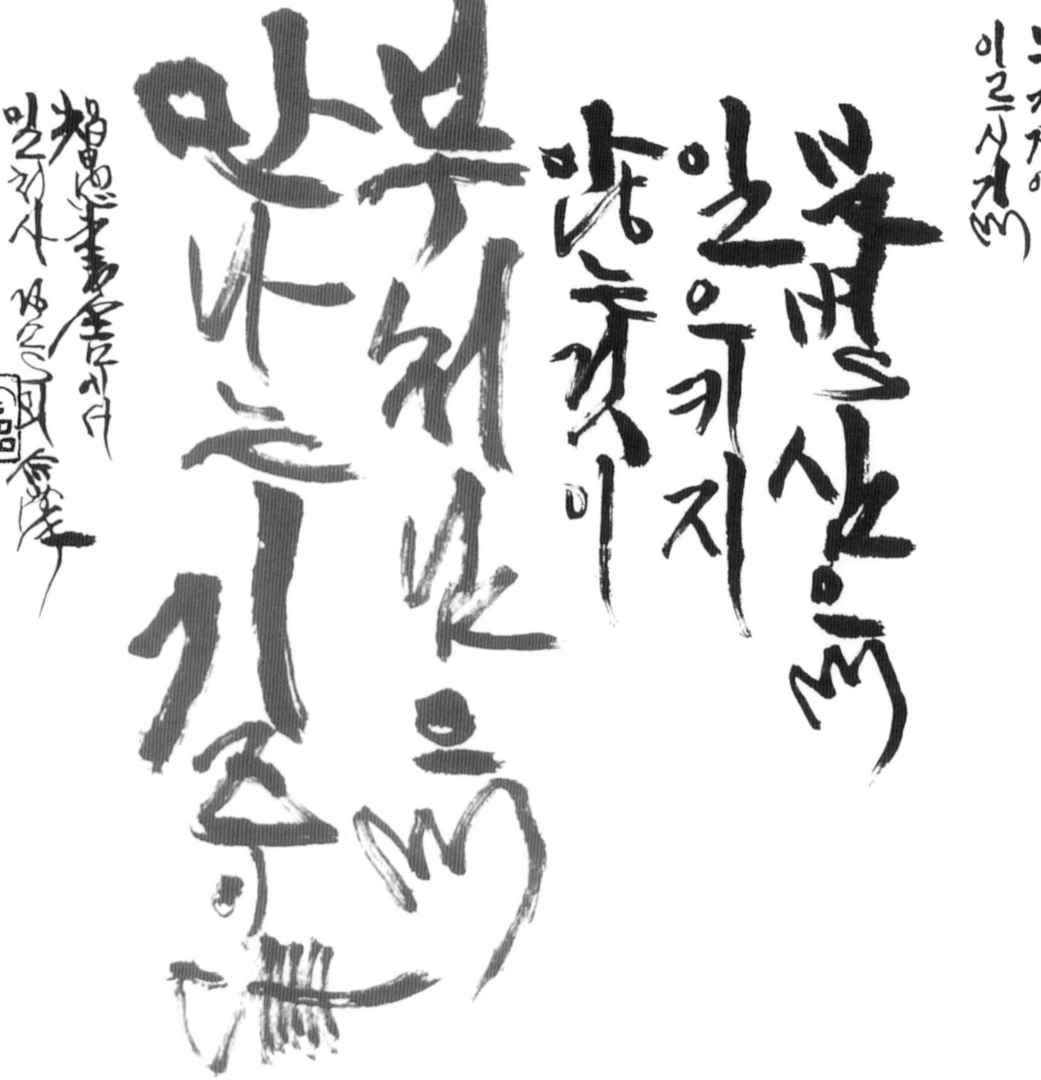

부처상에
일우키지
맘늣것이
부쳐마음
맛나는것이

분별심을 일으키지 않는 것이 부처님을 만나는 길이다. (능가경)

應無所住而生其心
응당 머무는바없이 그 마음을 내라. (금강경)

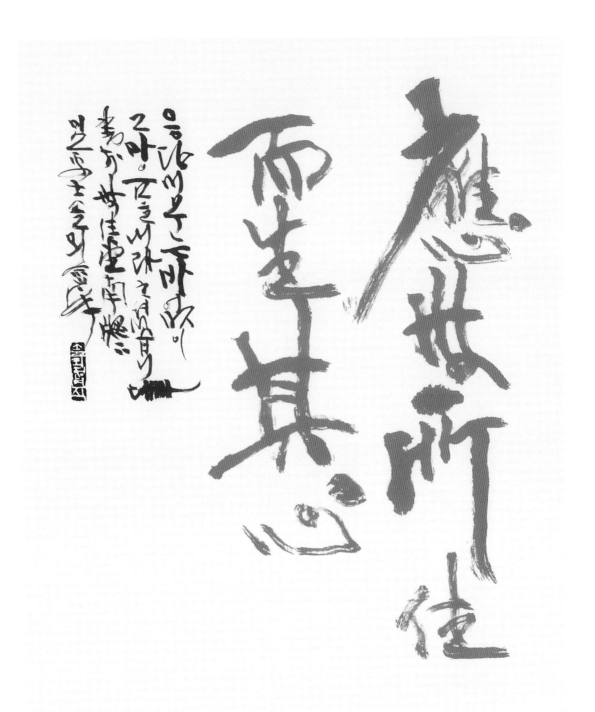

나무는 꽃을 버려야 열매를 맺고
강물은 강을 버려야 바다에 이른다. (화엄경)

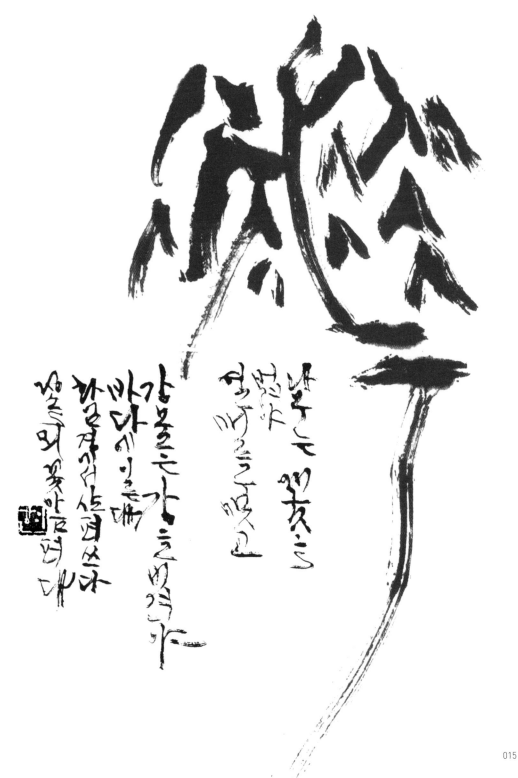

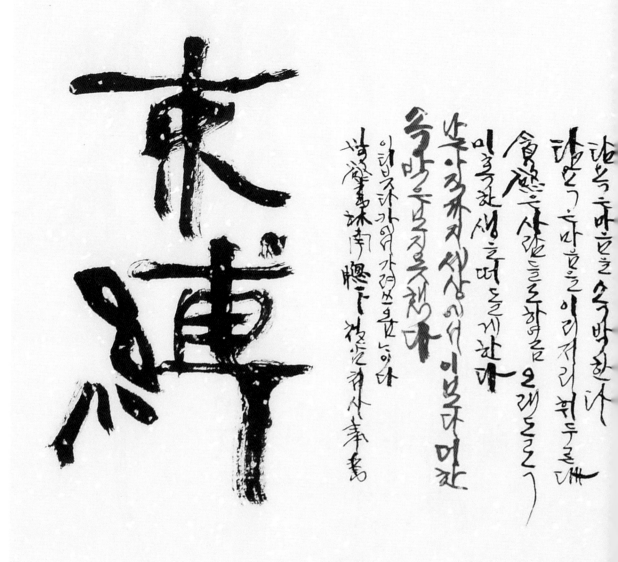

탐욕은 마음을 속박한다.
탐욕은 마음을 이리저리 휘두른다.
탐욕은 사람들로 하여금 오래도록
미혹한 생을 떠돌게 한다.
나는 아직까지 세상에서
이보다 더한 속박은 보지 못했다.
(이티붓타카)

마음이 항상 안정되고 몸이 깨끗하고
태도가 정직하고 분명히 알고 번뇌의 속박을 벗어나
자유로운 경계에 이른 사람에게 어찌 노여움이 일어나겠는가
모든 것을 알고 깨달은 사람에게는 노여움이란
존재하지 않는다. (소부경)

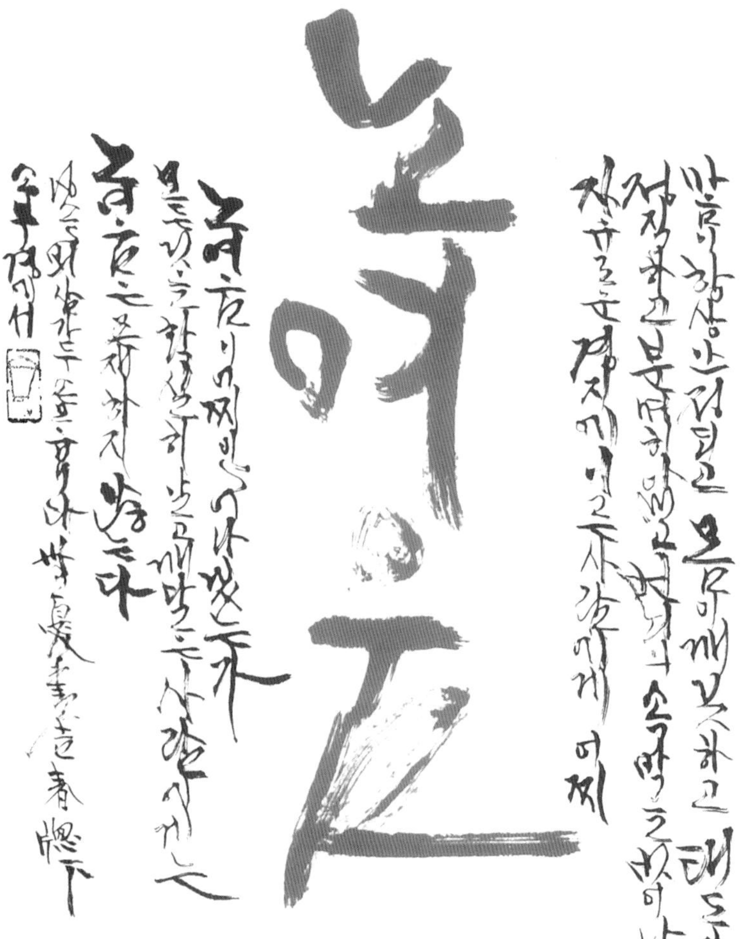

부처님에게 가까이 가려면 오직 마음에 자비심을 가지는 것이 근본이다.
마음에 자비심을 가지는 것이 근본이다.
자비심을 가지게 되면 끝없는 선행을 베풀 수 있다. (열반경)

지혜를 가진 사람은 쌀로 밥을 짓지만
어리석은 사람은 모래를 가지고 밥을 지으려 한다.

어리석은 사람은 배고프면 먹을 줄 알면서 배워서
자신의 어리석은 마음을 바로 잡을 줄은 모른다. (발심수행장)

지혜로운 사람

어리석은 사람

집을 지을 가진 사람은
쌀로 밥을 짓지만
어리석은 사람은 모래로 밥을 짓고
밥을 지으려고 한다
어리석은 사람은 배고프면
밥을 죽으로 밤세서
벼워서 자신과
어리석은 마음으로 밥을
짜으질은 오르다

밥솥으에 잣신
실글러심흐의
方 智愚州圖 謹書

똑같은 꽃이라도 아름다운 색깔과 향기를 내뿜어
사랑받는 꽃이 있듯이 실천이 따르는 사람의 말은 비록 그 메아리가
조용하지만 멀리 울려퍼진다. (법구경)

025

태양은 낮에 빛나고 달은 밤에 빛난다.
무사는 무장한 모습에서 빛나고 수행자는 선정으로 빛난다.
그러나 참으로 붓다는 온통 밤낮으로 광채로 빛난다. (담마빠다)

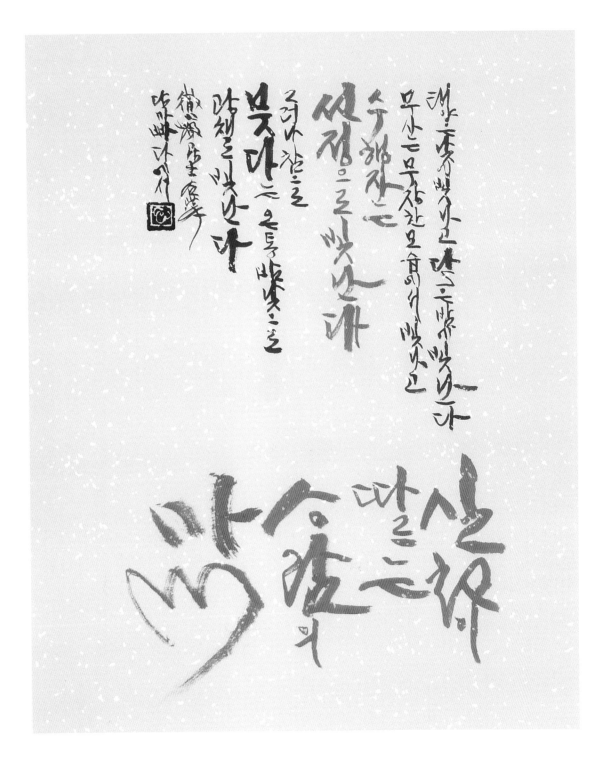

지나간 일에 대해 집착 하지 말고 앞일에 대해 걱정 하지도 말라.
오늘에 얻어야 할 것을 생각하고 바른 지혜로 최선을 다할뿐 딴 생각을 품지마라.
지나간 일에 집착하고 앞일을 걱정하는 것은 마치 우박이 초목을 때리듯
어리석음의 불로 자신을 불태우는 것과 같다. (잡아함경)

명상하라 불자여 방일하지마라.
그대의 마음을 감각적 쾌락속에서 빙빙돌게 하지 말라.
방일하여 뜨거운 쇳덩어리를 삼키지 말라 불타면서
이것은 괴로움이라고 울부짖지 말라. (담마빠다)

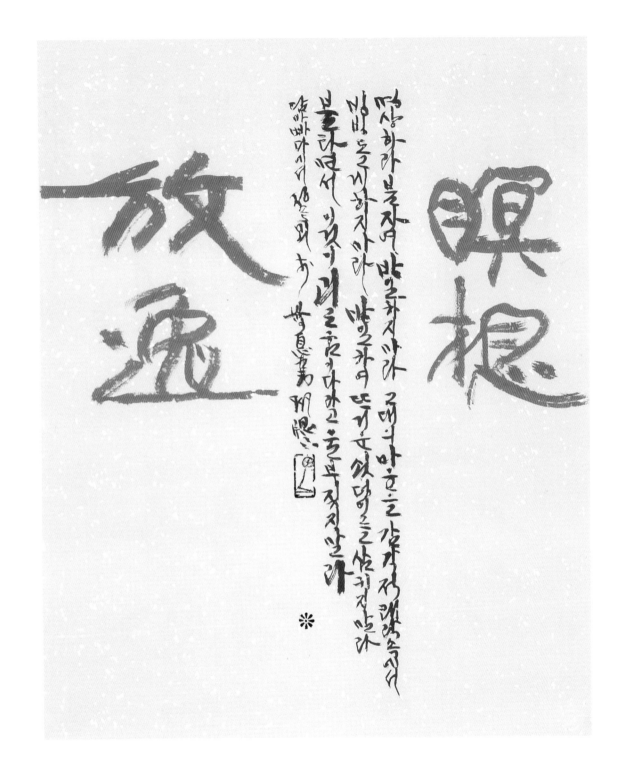

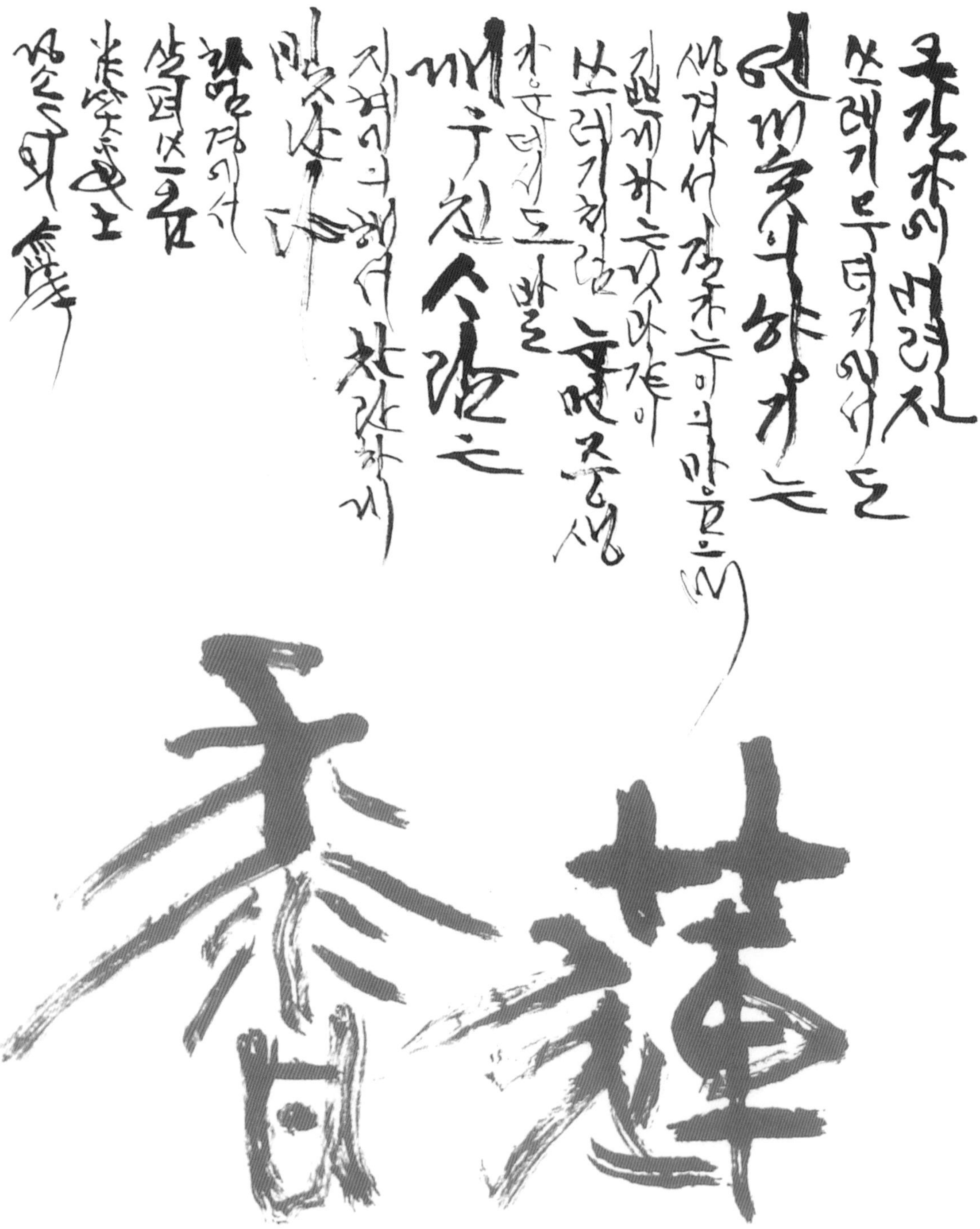
蓮香

큰 길 가에 버려진 쓰레기 무더기에서도 연꽃의 향기는 생겨내서
길가는 이의 마음을 기쁘게 하는 것과 같이 쓰레기처럼 눈먼 중생 가운데서
바로 깨우친 사람은 지혜에 의해서 찬탄하게 빛난다. (화엄경)

병든 사람을 만나면 항상 자비로운 마음으로 정성껏 보살펴야한다.
손님을 맞이할 때는 기쁘게 맞이해야하고
어른을 만나면 공손히 고개를 숙여 비켜서야하고
도구를 쓸 때에는 항상 검약하며 만족할 줄 알아야한다. (초발심자경문)

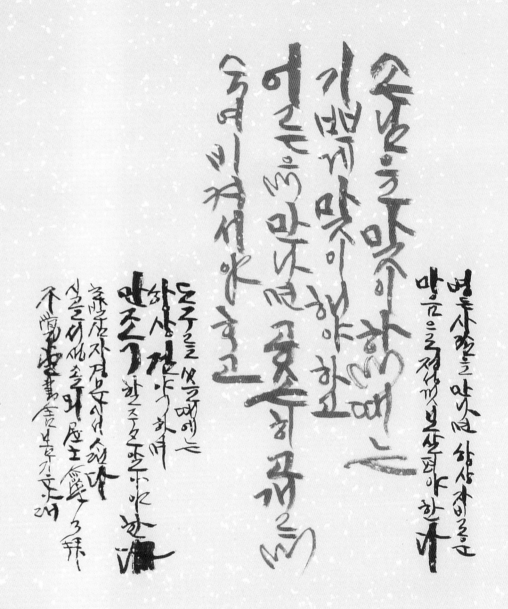

그 어디에도 기대지 말고 조용히 살아라
생존에 대한 욕심을 갖지 않는다면
이것이 곧 행복의 길이다. (숫타니파타)

幸福 길

그 어디에도 기대지 않고
조용히 살아라
새존시대한 복사를 찾지 않는다면
이것이 곧
행복의 길이다

숫타니파타에서 경송의 옮겨쓰다

사람에게는 네 가지 고독함이 있다.
이 세상에 태어날 때 혼자서오고 죽을 때도 혼자서 간다.
그리고 온갖 괴로움도 혼자서 받고
윤회의 길도 혼자서 가야한다. (근본설일체유부비나야잡사)

사람의것은
네까지
고도구 한마리때

기러새기 택에 후자느고
죽으면때도
후자니잔다

그리고
록갓비르느로
후자서 밥고

교회의길도
후자서 가야 한다

죽느것조차
교복자이요로
소유초요
슬어버려주
찬즈거리고 기마라야만

당신은 어떤사람인가요
따뜻한 사람
다정한 사람
친절한 사람
편안한 사람
마음 읽어주는 사람
말을 잘들어주는 사람
마음이 고운사람
진실한 사람

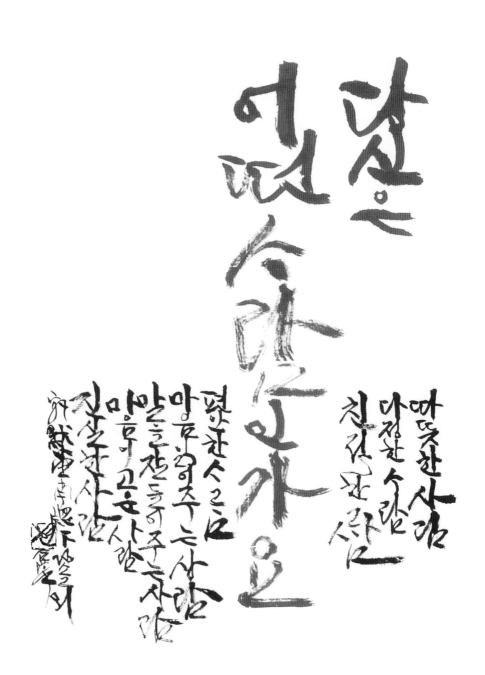

얼굴이 아름다운 것은 진정한 아름다움이 아니고
몸매가 아름다운 것도 진정한 아름다움이 아니며
화려하게 옷을 입는 것도 진정한 아름다움이 아니고
귀를 간지럽게 하는 말도 훌륭한 말이 아니다.
마음이 단정하고 뜻이 바른 것이 진정한 아름다움이다. (칠녀경)

너속이 말로다못하는 진정한

마음은 말끼기아니고 몸짜가아으로나온것도

진짜마음은 것이아니며

화려하게 오그녠것도

뤄으로짜저럽게해도 말로흘른몬 한

진짜안 마음 것도

맘으나니 째

눈이 바정까으 뜻이 빌른뜻이 째

진짜안으맘을은 뜻이 째

참마음 진짜

건강은 자신에게 가장 큰 이익이 되고 만족은 최고의 재산이다.
친구 간에 두터운 신의는 가장 고귀한 것이며 열반은 최고의 행복이다. (법구경)

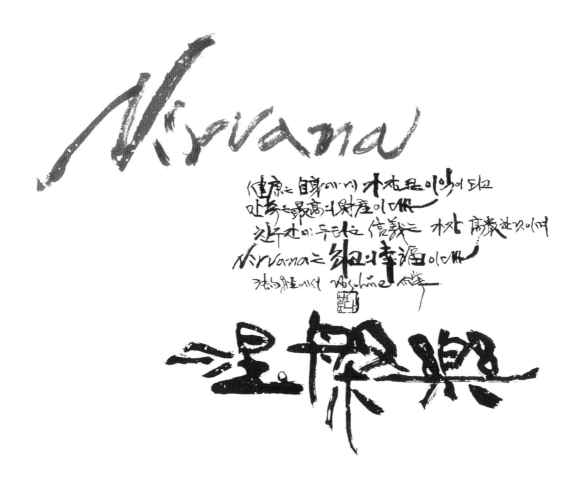

신뢰와 계행을 갖추고 명예와 재물을 가진 사람은 어느 곳으로 가든지
모든 곳에서 존경 받는다. (담마빠다)

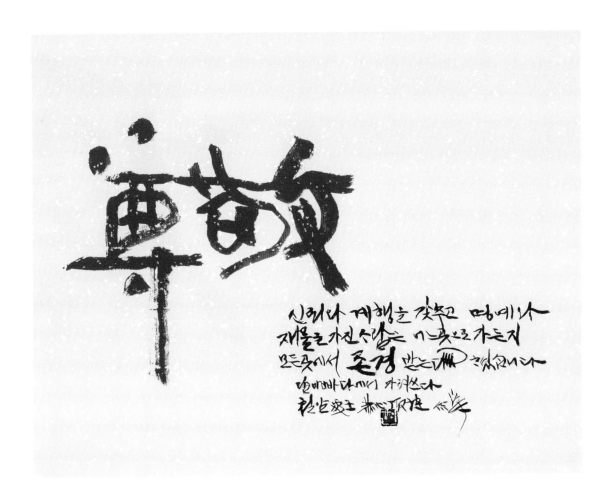

신러다 제행을 갖추고 명예나
재물을 가진 사람는 어디로 가는지
모든곳에서 존경 받는다 캐매 잇섯겠나다

엄마빠다께나 가껴쓴다

불법이 다른 곳에 있는 것이 아니다.
선량한 마음이 일어나는 것이 불법이다.
(진각종법어집)

번뇌 - 마음도괴로움에
어떤것이 아니다
세상엔 진짜모든
비어진것이 번뇌다

진짜모든비어진에서 쓰음

모자라면 소리가 나지만 가득차면 매우 조용하다.
어리석은 자는 목이 반 정도 담긴 항아리 같고
지혜로운 자는 물이 가득찬 연못과 같다. (숫타니파타)

물이 가득찬 水

모자라면 소리가 나지만
가득차면 매우 조용하느니라

어리석은 자는 물이 반 담긴 항아리 같고
지혜로운 자는 물이 가득찬 연못과 같다

수타니파타에서 shine

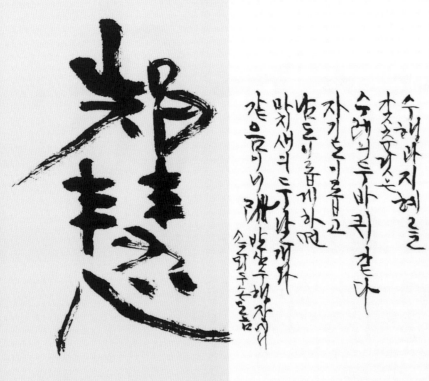

수행과 지혜 2를

슬기로운 지혜는

수레의 두 바퀴 같다

자기를 이롭고

남도 이롭게 하며

맞이 새기고 느낄 깨쳐

같으므로 이 깨

슬기로운 지혜에

수행과 지혜를 갖춘 것은 수레의 두 바퀴 같다.
자기도 이롭고 남도 이롭게 하면 마치 새의 두 날개와 같음이니라. (발심수행장)

온화한 마음으로 성냄을 이겨라.
착한 일로 악을 이겨라.
베푸는 일로써 인색함을 이겨라.
진실로써 거짓을 이겨라. (법구경)

어리석은 사람은 항상 출세와 이익과 명예와 욕심 때문에 몹시 괴로워한다.
그러나 현명한 사람은 탐욕이 없어 가는 곳마다 그 모습이 아름답다.
그는 즐거움을 만나도 괴로움을 만나도 기뻐하거나 결코 슬퍼하지 않는다. (법구경)

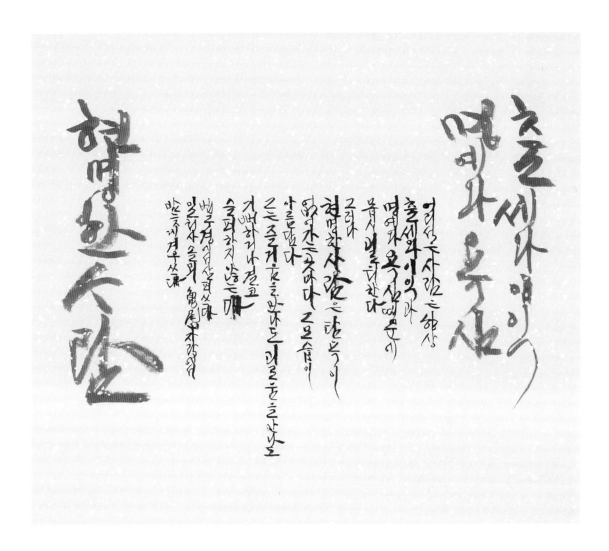

자신이 큰 힘을 가지고 있으면서
약한 사람의 잘못을 참고 용서하는 것이야말로 가장 훌륭한 인격이다.
힘이 없으면 어떻게 참고 용서하겠는가.
남에게 온갖 모욕을 당할지라도 힘있는 자가 스스로 참는 것이야말로
가장 훌륭한 인격이다. (잡아함경)

건강은 최상의 이익
만족은 최상의 재산
신뢰는 최상의 인연이다
그러나 마음의 편안보다
더 행복한 것은 없다. (법구경)

느림, 즐김의 미학 산책

"봄날이 고요키로 향을 피우고 앉았더니 삽살개 꿈을 꾸고 거미는 줄을 친다 어디서 뻐꾸기 소리 산을 넘어 오더라" 만해선생님의 시에서 모셔왔다. 화살나무 잎에 내리는 봄비 내음이 라일락꽃으로 옮겨가는 소리가 낮은 음표로 들리는 시골 한적한 봄날 나의 살림살이도 차 한 잔 나누고 글씨 공부하고 채전 밭에 울력하는 한가로움이 크게 뒤지지 않는다. 나의 길은 외롭고 가슴 저린 아픔이지만 이 길의 중심에서 깊이 사랑하고 알아주는 이를 기다리기보다 내 스스로의 심오한 자락과 내가 만든 서원 속에 정진하고 있을 뿐이다. 분별력과 망상이 없는 길이 진정 부처를 만나는 길이며 욕망으로부터 자유자재한 곳에 진정한 서예의 법문이 있다. 하늘 덮을 복은 없어 출가 인연은 없지만, 염의(染衣)한 스님 모습만 보아도 장엄이다. 가끔 불가의 연을 물으면 해인사 자락이 태어난 곳이라 하고 연락처에 나를 일깨워 주시는 스님 몇 분이 계신다.

서예는 나에게 그저 운명처럼 동행했다. 시대를 읽어 내지도 못하고 미래도 예측하지 못한 둔한 능력으로 쉽지는 않지만 놓지도 못하는 심정은 이 한 물건이 가진 심오한 철학적 심미와 깊은 울림과 끝없는 깊이에 이끌려 매달려 즐기고 살고 있다. 재능과 기술은 선천적이라 할 수 있고 무게로서 100근도 안되지만 학습과 노력 그리고 공부 습관은 후천이며 만근의 무게도 넘는다. 덜 익은 나의 욕심이 앞서지만 무례하게 한걸음으로 여래지에 들고 싶다. 하루 종일 작업실에서 외로움과 홀로 있음과 내면의 대화는 행복한 일상이며 옻나무를 만지듯 더듬더듬 거리며 내면의 미적 탐미를 직시하고 즐기며 고양시킨다. 순간순간 명상이 되고 호흡이 되며 나를 잃어버리고 시간 밖의 시간을 살게 된다.
몇 번의 기억이 난다. 가족은 자연스럽게 연말연시 며칠을 절에서 보내기도 했다. 그저 마음이 편해지고 적연

부동한 침묵의 엄숙, 고즈넉한 산사의 내음 잘 모르는 나에게도 아름답고 의미가 깊었다. 근래는 틈틈이 찾아들곤 한다. 절집에 들고 얻은 힘은 나의 서예작업의 바탕에 큰 받침목이 된다. 서예의 격조는 빼어난 느림, 즐김의 미학 산책이고 유현한 깊이와 울림과 전율이며 조용한 것 가운데 얻을 수 있는 것 서예만한 것이 있겠냐고 동파 어르신은 말씀하셨다. 어찌 된 일인지 서예공부 하는 사람이 많지 않은 이유를 모르겠다. 장수시대에 새로운 공부에 도전 해보는 일은 참으로 의미 있을 것 같다 홀로 견디고 지내야 하는 이 외로움의 시간을 보내는 일에는 이 공부만큼 좋은 것이 없을 것 같다는 나의 생각일 뿐인가? 참고 견디고 용서하고 안아주는 정신적 성찰은 서예의 독특한 부수적 산물이며 고전 속에 고전을 읽고 정신적 성숙만이 좋은 글제를 빌려올 수 있기에 독서는 작가의 정신성 깊이의 밑거름이다. 낡은 전통이라는 인식의 의미를 벗어버린 시대적 심미와 현실성이 가미된 생명력 있는 글씨 이제 겨우 맛을 알 듯 말 듯 겸손 앞에 조금 더 두터운 먹 맛이 들어가는 것 같다.

한결같음이 글씨 쓰는 가운데 있어야 한다. 점과 획이 방심하면 글씨가 거칠어지고, 한 점을 놓치면 사람의 얼굴이 이그러지듯 면모를 잃어버리고 억지로 꾸며 예쁘고자하면 글씨가 균형을 잃게 된다. 세간살이와 똑같다. 한결같은 평상심이 문제이다 언제쯤 나만의 철학과 심오한 미적의식, 독자적인 서체 등을 갖출 수 있을지 산중 작업실 이른 새벽에 다급한 시계소리에도 마음이 걸린다. "없는 것에서 있는 것을 얻어야하며 이르지 못하면 있는 것으로 없는 데에 이르라"는 선가귀감의 말씀이 따라온다. 언제쯤 개안(開眼)하여 한 생을 해탈한 명철한 심안(心眼)으로 침묵의 작품을 내어 놓을 수 있을까 슬쩍 불보살님께 기대어 본다. 이 일만이 이 세상에서 받은 고마움을 회향하는 도리라 생각 한다. "사람이 어찌 자기를 속이고 남까지 속 일수 있겠는가?"

살아 움직이임은 한 점 한 획이 큰 눈뜨고 지켜보고 있다.

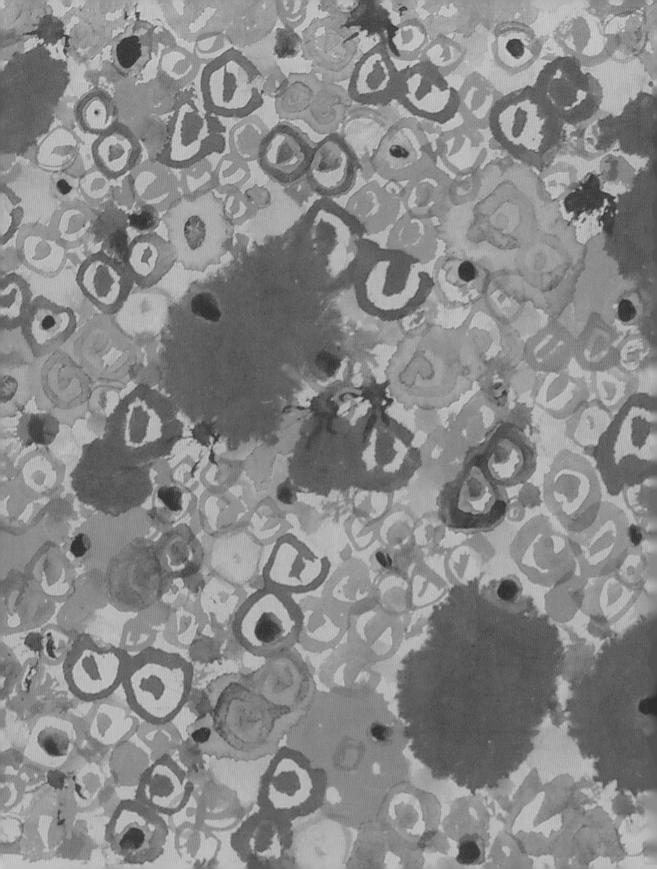

상큼한 맛있는 즐거차림

마치 항아리에 받침대가 없으면 쉽게 넘어지고
받침대가 있으면 넘어지지 않는 것처럼
마음도 그와 같이 받침대가 없으면 쉽게 넘어지고
받침대가 있으면 넘어지지 않는다.
무엇이 받침대인가.
그것은 바로 팔정도이다. (쌍윳다니까야)

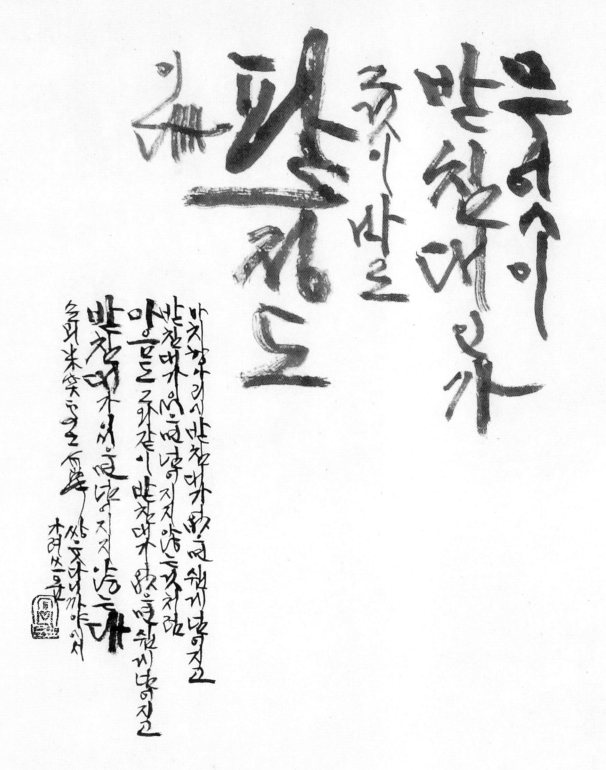

한적함의 맛과 고요함의 맛을 맛보고
담마의 기쁨의 맛을 마시면서
고뇌와 악에서 벗어난다. (담마빠다)

참된 맛과 그윽한 맛을
밝고 깨끗하기를 맛보려거든
마치머서 구지가 맛있는
깨끗이 구지가 맛있는
저 맑은 하늘

마음이 사람답게 만들기도 하고 마음이 짐승으로 만들기도 하고
마음이 지옥을 만들기도 한다. (불반니원경)

마음이 사라딤기
만들기도하고

씨이잔슬ㄹ로만들기도도잔고

하니지우를
마음이지우를
만들기도잔다

하여安깊注圖

딸되돼로圖쑤

부모에
비친경기
아쳤쓰다

사자는 사람이 화살로 쏘려고 하면 사람을 쫓아간다.

그러나 어리석은 개는 사람이 때리는 데도 돌멩이를 쫓아간다

사자의 행동은 지혜가 있는 사람이 그 근본을 구해 번뇌를 없애는 일이요

어리석은 개의 행동은 고행하면서

정작 마음의 근본을 알지 못하는 어리석은 수행을 하는 것이다. (대장엄경론)

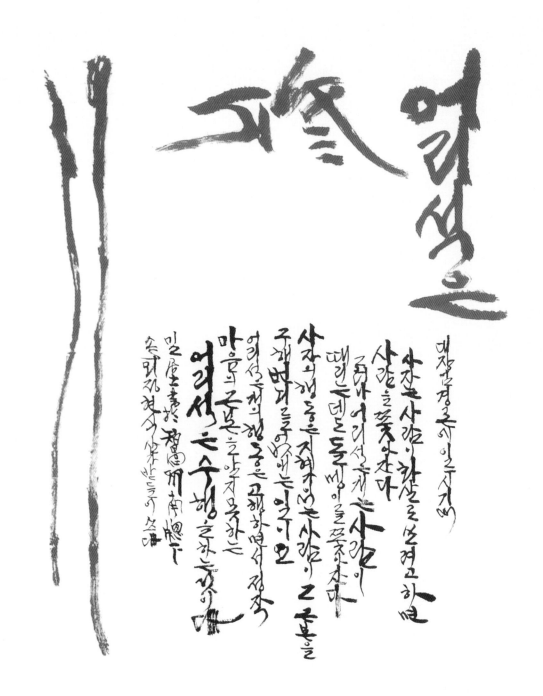

대장간경주에 이르시기에
산천은 사람이 값으로 쓰겨고 하때
사람을 꽃 보았다
때린 우리서게 는 사람이
꽃 나 우리서게 는 사람이
산천의 평등을 잘 펴지 는 사람이 그 꽃을
구게 미네 들의 빼배 는 일기 요
여서게 정동은 곱해 하메서 정쪽
마음의 구분으로 받지 못하는
어러서 수수 혼 존자 할 이

밀 온 書 於 湘 周 州 南 惣 下
쓰 퍼 짜 짜 우 반 드 나 요 퍼

선지식은 지혜로운 의사와 같다.
증상에 따라 약을 주어 우리 마음의 병을 낫게 하기 때문이다. (열반경)

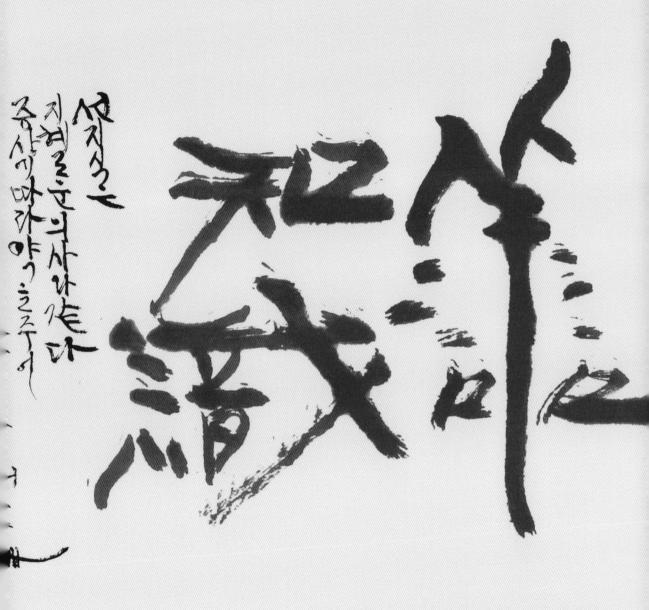

선지식

지혜로운 이 사바 간다
중생이 마주 앉으도다

자기보다 강한 사람에게 참는 것은 그가 두렵기 때문이고
자기와 비슷한 사람에게 참는 것은 다루기 싫어서이며
자기보다 못하고 약한 사람 앞에서 참는것이야 말로 진정한 참음이다. (잡보장경)

자기보다 못한
남을 칭찬하기는 쉬워서
칭찬하기가 말고
진정한 칭찬은

짓껏
삿온
ᄅ

진껏

칭찬은
남을칭찬하가 쉬워서

자기보다 잘한사람에게
칭찬하는 건 규 두렵기때문은
자기가
비슷한사람에게
칭찬하기도 다르기 쉬워서며

마음은 모든 법의 근본이라.
주인도 되고 심부름꾼도 되나니 늘 마음으로 선을 생각해 그대로 행하면
복과 즐거움은 저절로 따르리라. (법구비유경)

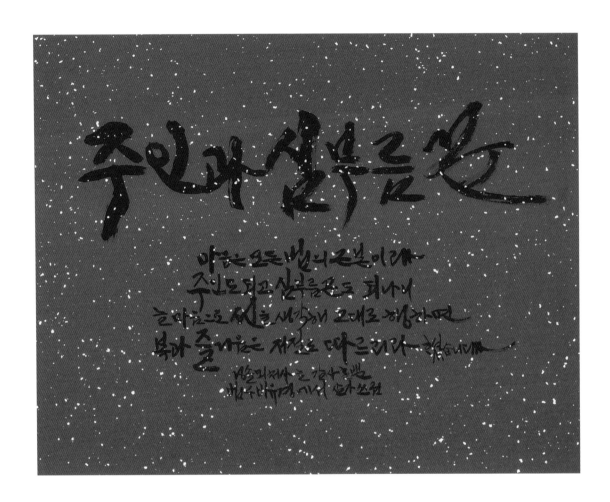

소리에 놀라지 않는 사자와 같이 그물에 걸리지 않는 바람과같이
흙창물에 더럽혀지지않는 연꽃과 같이 무소의 뿔처럼 혼자서 가야한다. (숫타니파타)

청정한 믿음을 가진 사람은 마음이 자유롭고
지혜로운 사람은 앎으로부터 자유롭다. (잡아함경)

마음이 산란하여 안정되지 않으면 듣고 사유하고 관찰하라.
그릇에서 물이새면 물은 채워지지 않는다. (보리행경)

존경을 표하는 습관이 있고 웃어른을 항상 존경하는 사람에게
수명, 아름다움, 행복, 강건함의 네 가지가 증가한다. (담마빠다)

수명은

알늘닦고

강성애피고

부모가 늙어 기력이 약해지면 의지할 사람은 자식 밖에 없다.
아침 저녁으로 부드러운 말로 위로하고
따뜻하고 부드러운 음식과 잠자리와 즐겁게 말 상대를 해드림으로써
노년의 쓸쓸함을 덜어드리도록 하라. (부모은중경)

따뜻하고 아늑한

아름다운 그날로 이르소서

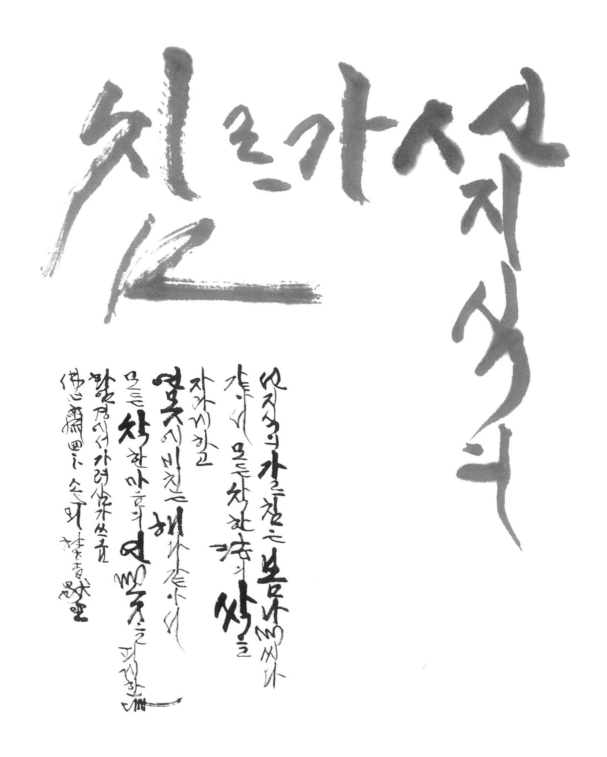

쉬고가세

선지식의 가르침은 봄 날씨와 같아서 모든 착한 법의 싹을 자라게 하고
연못에 비치는 해와 같아서 모든 착한 마음의 연꽃을 피게 한다. (화엄경)

이 세상에서 의심처럼 무서운 것은 없다.
분노를 일으키게 하는 근본요인이며
두 사람 사이를 갈라놓는 독이며 서로의 생명을 헤치는 칼날이고
서로의 마음에 고통을 주는 가시이다. (아함경)

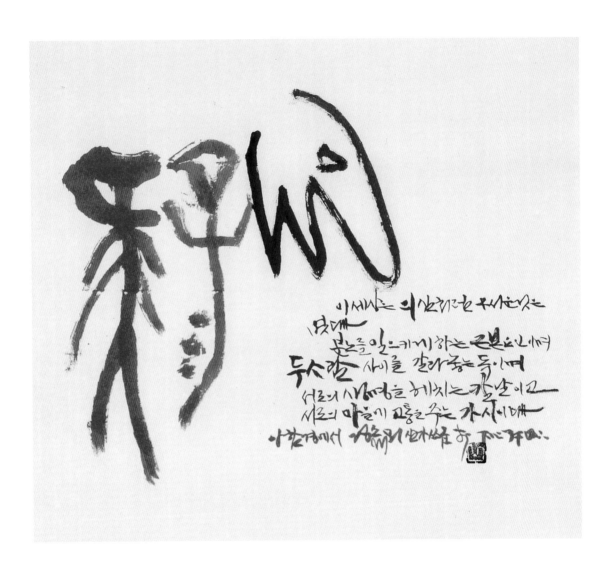

누구나 자신의 일에 노력하는 마음을 마치 암탉이 알을 품듯이 하며
고양이가 쥐를 잡듯이 배고픈 사람이 밥을 구하듯 목마른 사람이 물을 찾듯하고
아기가 엄마를 생각하듯이 하다보면 언젠가는 반드시 성공할 것이다. (선가귀감)

누구나 자신에게에
청하는 맏으로
마치 알들을 품든듯이 하며
고양이가 쥐를 잡든이
배고픈 사람이 밥을 구든하듯
목말은 사람이 물을 찾든하고

어제가는
밝드시
성공해시니
서리마를
새각하드시 하다보면

추어
서라함에서 슬과 같이 하여
쑤주기자

눈을 조심하여 남의 잘못을 보지 말고 맑고 아름다운 것만을 보라. (숫타니파타)

군은 조심하여 남의
잘못을 보지말고 말고 마음다 하는것만
보라 하셨습니다
슷다니파타에서 처겨쓰다
未安居士 김슬의 ▨

몸은 마른 나무와 같고 화는 성난 불길과 같다.
그러므로 화가 일어나면 남을 태우기 전에 먼저 자기 자신을 태운다. (대장엄론경)

그릇을 만드는 사람은 한 종류의 진흙으로
여러 가지 아름다운 그릇을 만들고 같은 불로 여러 가지 그릇을 빚어낸다.
그렇다고 해서 결코 그릇을 만드는 진흙에 차별이 있는 것은 아니다.
그리고 그릇을 굽는 불도 마찬가지여서 아무런 차이가 없다. (보장경)

첫째의
차례에아는것은
아니다

그러고 글쓰기를 끝은붓으로 비저지며서
아우덩치가 있다

글쓰기를 반드시사람은
말로다쓰글쓰기를반드로

차후붓으로여러가지
글쓰는빵이쓴다
아니다

진흙에차례나는것은
것코글쓰기를반드는
그렇다고해서

아두를깨닫겠어서
나무를붓처럼이나저지며서

은혜로 베풀라
부드럽게 말을 건네라
이롭게 행동하라
행동을 함께하라
그러면 대중들은
그대의 편이 되리라. (중아함경)

中阿含經 비니모경

병 없는 것이 제일가는 이익이요
만족할 줄 아는 것이 제일가는 부자이며
고요함에 머무는 것이 제일가는 즐거움이다. (법집요송경)

이애

보수재

즈믄길호

● ● ● ● ● ● ●

105

내 인생에서 가장 행복한 날은 언제일까.
바로 오늘이다.
내 생애에서 가장 귀중한 날은 언제일까 두말 필요 없이 바로 오늘 지금이다.
어제는 지나간 오늘이요 내일은 다가오는 오늘이다.
그러므로 오늘 하루하루를 내 삶의 전부로 알고 살아야한다. (벽암록)

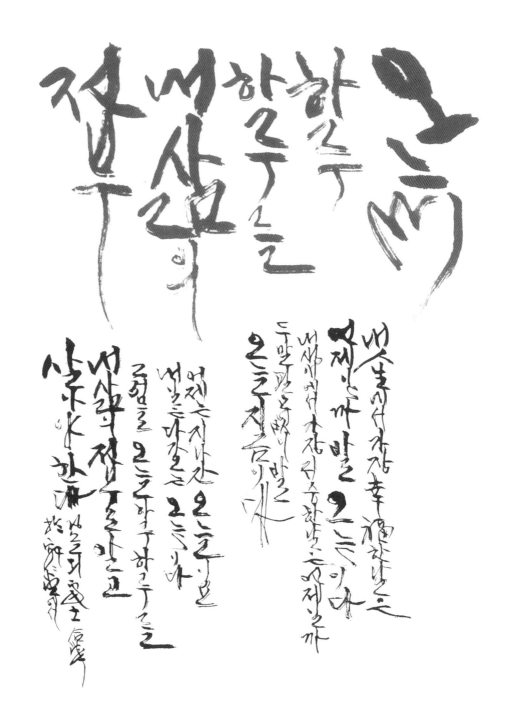

107

깨달음의 지혜는 먼 곳에 있는 것이 아니라 너희들 속에 존재한다.
사람들이 순수한 마음을 잃어버리고 사는 까닭에 스스로 깨닫지 못하는 것이다. (육조단경)

깨달음

깨달음의 지혜는 천국에 있는
것이 아니라 너희들속에 존재한다
사람들이 순수한 마음을
잃어버리고 사는 까닭에 스스로 깨닫지
못하는 것이다

도마복음에서 옮겨쓰다
不狂不及 강술이 서예

투명하여 맑은 물에서는 진주며 모래, 물고기등이 환히 보이는 것처럼
맑은 마음에는 자라의 공덕이 환히 보인다. (본생경)

맑은 마음

투명하여 맑은 물에서는
진주며 모래 물고기들이 환희보이는
것처럼 맑은마음에는 자타의공덕이 환히보인다

본성경 에서 下心 靜四 솔뫼 두손모음

자기가 아는 대로 진실만을 말하라.
주고받는 말마다 좋은 말을 하여 듣는이에게 편안함과 기쁨을 주라. (잡보장경)

삶 부 장 겨 에
늘 시 리

자 기 가 마 늘 대 로
진 실 반 듯 맞 닷 개

줄 풍 말 을 하 여
들 근 에 게

평 아 한 마 기 쁜 을
주 개

남 로 도 홀 숨 에
미 소 쳐 사
첩 주 막 배

113

배우기 좋아하는 이를 항상 돌보고 올바른 마음으로 법답게 행하며
오직 보내로운 지혜를 지닌 이 그를 도인이라 한다. (법구비유경)

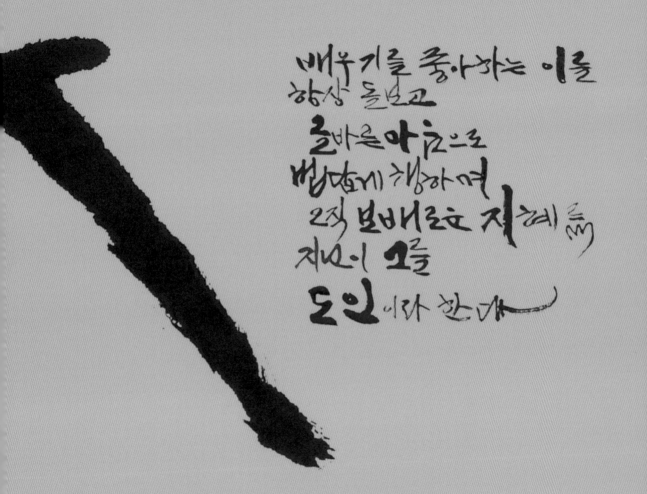

배우기를 좋아하는 이를
항상 돌보고

올바른 마음으로
법답게 행하며

오직 보배로운 지혜를
지닌이 그를

도인 이라 한다

법구비유경에서 가려씀
佛心 志明忍下 올림 합장

바람이 솜을 저 멀리 멀리 날려 보내듯 자신의 진정한 행복을 추구하는 사람은
번뇌의 화살을 뽑아버린다. (숫타니파타)

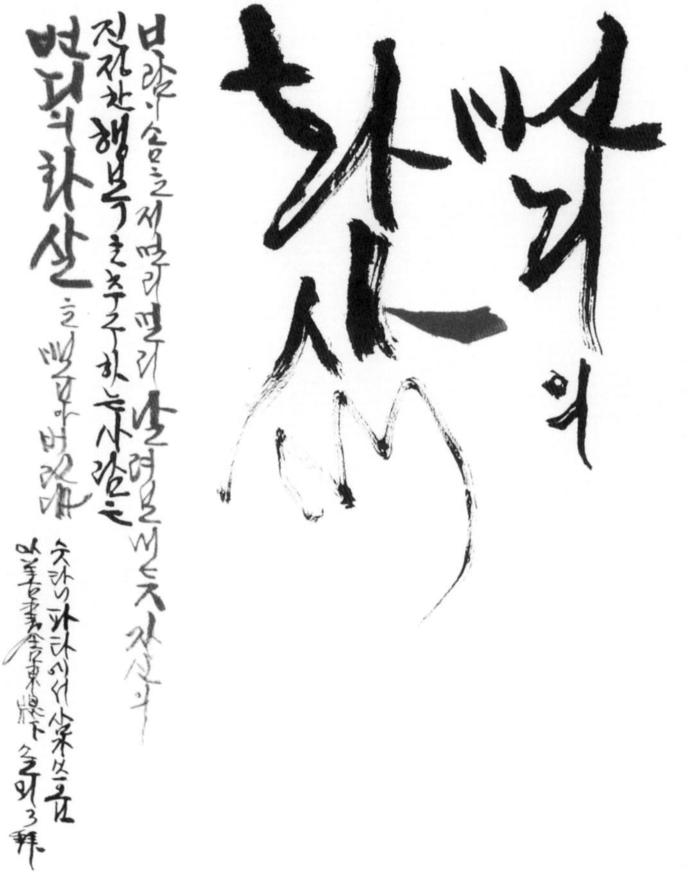

지혜로운 사람은 욕심을 버리는데서 기쁨과 즐거움을 얻나니
이것이 바로 즐거움 가운데서도 최상의 즐거움이다. (잡아함경)

지혜르고 사랑는 드기는 버린도 더서 기쁘도가

즈거닉고 늘르닌 하니바르리기로 술더도

혜삼니 좆가도 이다히졌슈기 ᄃᆖ

어니 ᄇᆷᄊᆼ거저디

설더 ᄒᆞᄉᆼᄀᆞ저디 어ᄎᆞᆼᄉᆫ기 말

새벽고 즈거ᄂ 게으

119

당신의 수행력은 몇 근 입니까?

꽃 한 송이의 소식을 어찌 알겠는가? 그냥 들어 보일뿐 대중은 묵묵부답이다. 마하가섭존자는 미소를 머금었을 뿐인데 "나에게 정법안장이 있으니 문자를 세우지 않고 교외별전의 가르침을 마하가섭에게 부촉하노라"고 말씀하셨다. 이 묘한 도리를 어찌 말로 다 할 수 있을지!

몇 년 전 시골 5일장에서 고추 사고 팔 때 쓰는 저울을 전시장 벽면에 내걸었다. 작품의 글씨가 몇 근인가 달아 봐 달라는 나의 간절함과 생각으로 헤아려서는 도저히 이를 수 없는 진공의 자리와 묘유의 세계를 펼쳐놓은 통큰 설치 미술의 행위였다. 딸꾹질이 몇 근이며, 기침소리는 몇 근이냐 어디 한 번의 할이 몇 근 인가, 허공을 품고 허공을 토해내는 이 거량은 몇 근인고? 사람에게도 격이 있고 만물에게도 급이 있듯 서예도 작품의 등급이 있다. 신품, 묘품, 능품, 일품, 가품 등으로 나눈다. 작품은 선구된 내용과 작가의 예술적 심성과 감각이 획, 점, 선으로 나타나며 선의 무게, 두께, 질감, 농담 등 이루 말 할 수 없는 구성요소들이 서로 보완하고 조화하며 관객에게 다가서고 말을 건다. 문자를 세울 수 없는 문자 밖의 행위이다. 어떤 작품에는 고압선의 전기에 감전된 듯 언어로 설명할 수 없는 전율에 갇히고 텅 빈 화선지에 몇 개의 점으로 완성되어있지만 텅 비어 충만한 영적인 세계까지 끌어들인다. 내 글씨는 몇 등급인지 물어볼 자리가 어디인지 사뭇 궁금하다.

한 작품의 무게는 곧 작가가 걸어온 수행의 결과이며 직지에 전부를 드러내는 불가사의한 미의 법문인 것이다. 가끔은 격정과 분노, 화해와 용서, 이해와 사랑, 존경과 공생, 눈물과 묵상, 기도와 서원, 발원과 깨우침, 번뇌

와 갈등, 미와 추의 모순 등을 순식간에 드러낸다. 수행과 정진 천신만고의 노력으로 얻은 득력과 득필을 통해 저마다 가슴으로 놓은 가슴 아픈 자식들인 것이다. 작품들이 전하는 기쁨과 환희, 고통과 비애 앞에 사정없이 머리 조아리고 무릎 꿇고 싶어진다. 나에게 언제부터인지 전시 작품이 절반 넘게 부처님의 말씀과 조사어록에서 빌려온다. 말씀의 무게와 심오함은 모르지만 독서를 통해 알아차림이 오면 작업노트에 옮겨 모셔놓고 물 주고 키우고 품고 살다 때를 기다리고 참고 견디다 좋은 시절 욕심과 망상 내려놓고 회향하는 마음으로 창작한다. 벅찬 말씀이 살아 눈뜨고 장대한 법문을 토해낸다. 임제 선사는 물을 것도 없고 답할 것도 없다 하셨고 조사의 법문 모두가 밖에서 찾지 말라 간절히 말씀하지만, 서예도 극도의 궁극에는 서예 밖에서 찾아야 한다. 글씨 형상밖에 심오함이 있다. 가슴 저린 아픔이지만 우리서예는 윤회만 있고 중국서예의 답습만 있을 뿐 창신이 부족하다. 글씨 쓰면서 수행 정진하는 일이나 성심전력 한다면 그 자리가 득도의 자리이고 꽃자리이며 증득묘심처이며 환희심 일어나는 인생인 것이다. 체중계에 올라 잘 먹고 많이 먹어 찐 육신덩어리 근대 수만 달지 말고 오늘아침 수행력은 몇 근인가? 한번 달아보는 일은 어떠할까?

전시장 저울이 자꾸만 생각난다.
매화지자 보리수 꽃피고 두릅이 먹음직스럽고 채소밭에 검은 비닐 덮고 씨 뿌리는데 겨울 넘긴 상추가 기운을 자랑하고 땅속에 봄풀들이 일어서려는지 발바닥이 가렵다. 사는 것이 이렇게 행복이다. 세상 두두물물이 법문 아님이 없다. 정신과 열정 다한 하루 앞에 족자 한 점이 웃어준다. 참 고맙다.

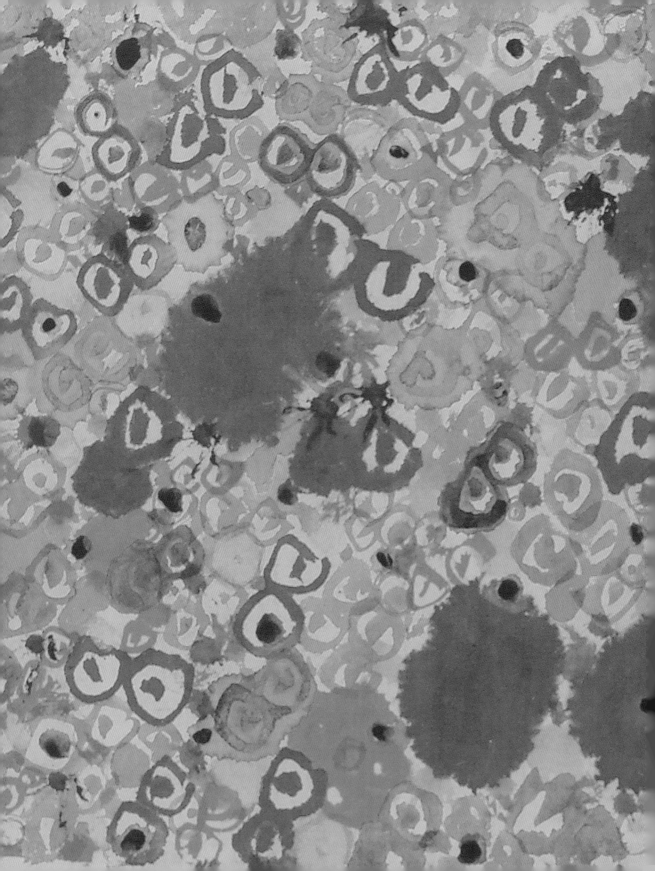

사랑이 여는 마음은 뿌리가 되고

눈이
없다면 볼 수며 을

분별함도

가질 수 없는거라 참아

손도 없다면

믿음도 하는

살 볼그며

말한다 하더라고

남우땐

소득이 있고

손이 없다면 보물을 보더라도
가질 수 없는 것과 같이
믿음이라는 손이 없다면
삼보를 만난다 하더라도
아무런 소득이 없다. (심지관경)

아름다운 말은 사람의 마음을 감동시켜
듣는 이로 하여금 한상쾌하게 한다네. (불소행찬)

아름다운 말은 사람의 마음에
감동시켜 듣는 이로하여금
환상케 하게 한다네)

울산해찬에서 삼가쓰다
경주 정대영에서 술마두고모함

향수를 만드는 사람의 몸에 향이 저절로 배는 것처럼
항상 염불하는 사람에게 부처님이 함께하나니
금생에 염불하는 공덕으로 극락에 왕생하리라. (수능엄경)

念 工 麻

향수를 만드는 사람의 몸에
향이 저절로 배는것처럼 항상 염불하는
사람에게 부처님이 함께 하시니 중생이
염불하는 공덕으로 극락에 왕생 하리라 호였습니다.

경주 心佛畵 洲南四소 김命외 志心頂禮
수능엄경에서 쓰옵건...

때와 처지를 살필 줄 알고 부귀와 소망이 교차함을 알라
이것이 지혜로운 불자의 삶이니라. (잡보장경)

산우

불자여 작은 선이라도 복이 되지 않는다고 업신여기지 마라
물방울이 큰 그릇을 채우는 법이라. (자비도량참법)

삶은

부처님의 도 깨닫는 건 어렵지 않아
오직하나 간택만을 꺼릴 뿐이니 미워하고 사랑하는 마음 없으면
걸림 없이 확트여서 명백하리라. (신심명)

마른 생선이 되고

부처님의 도
깨닫는것이 어렵지않다
옷지박사 작명맛는 깨달 뿐이니
말이거드사 망함이
마음을 믿 걸망빼이
잠다리다 빼 그리 淵
따들빼 원사保木以그

여러 중생들의 고통을 제거해주는 것을 대자라고 하고
한량없는 즐거움을 주는 것은 대비라고 한다. (열반경)

백천만겁 만나기 어려운 위없이 높고 깊고 미묘한 법을 이제야 만났으니
원컨대 여래의 진실한 뜻을 알아지이다. (천수경)

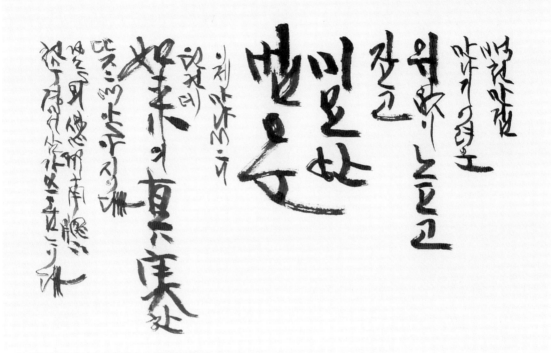

부처님 말씀을 보시하면 큰 지혜를 얻게 되고
의약을 보시하면 질병의 공포에서 벗어나게 되며 좋은 밭을 보시하면
항상 창고가 가득 차게 된다. (육취윤회경)

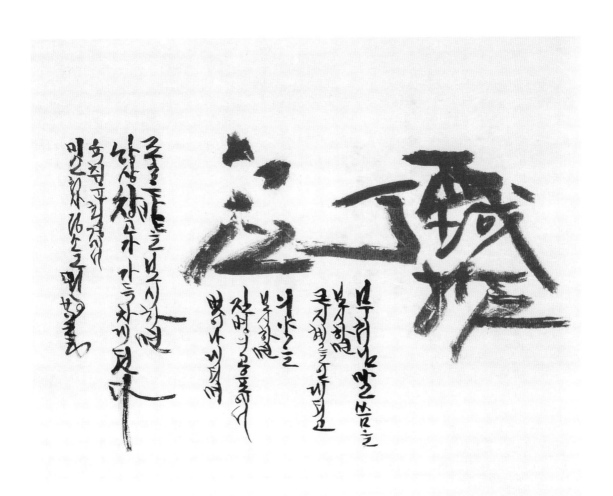

바위는 그 어떤 바람에도 흔들리지 않는다.
이와 같이 어진 사람은 비방과 칭찬 속에서도 마음이 흔들리지 않는다. (법구경)

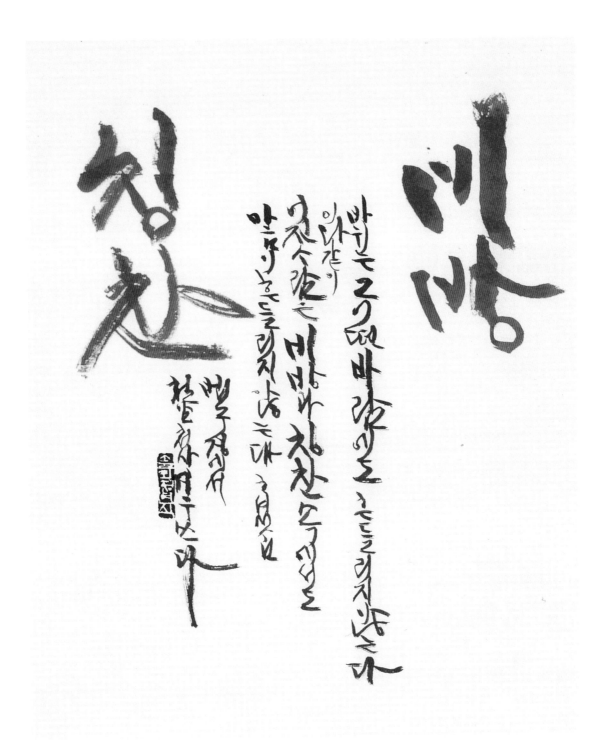

143

성내는 자에게 같이 성내지 않으면 두 가지 승리를 얻는다.
스스로 이기고 성내는 자를 이기는 것이다. (상응부경전)

마음에는 네 가지 병이 있다.
첫째는 탐내는 마음과 음욕이고 둘째는 성내고 미워하는 것이며
셋째는 어리석음이고 넷째는 아만심이다.
그러므로 지혜로써 이 네 가지 병을 모두 없애야한다. (현겁경)

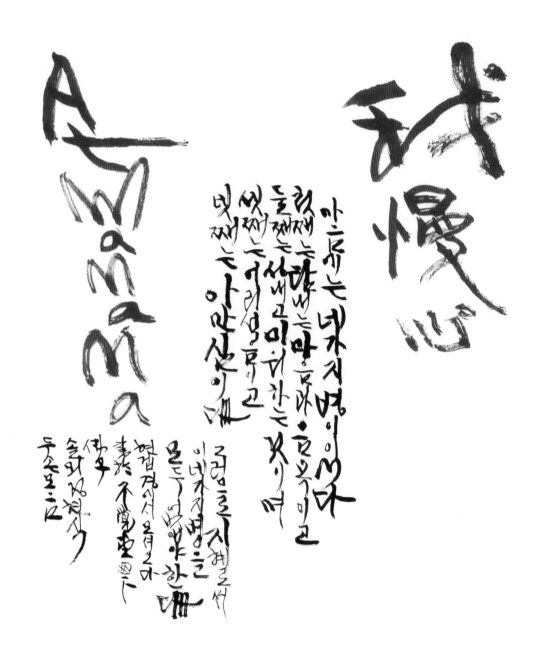

비록 많이 들었다 해도 만약 수행하지 않으면 듣지 않는 것과 같다.
마치 사람이 음식을 이야기하더라도 배가 부르지 않는 것과 같다. (능엄경)

비를 타며이
물러서다해도
말할수가 해가지 않으며
들지 않은 것 같다

마치 사람이 그것을 끼
이야기하더라도
배가 비틀지
낡은 것 같다
그것에 날리다
흐르게 하여버리다
未來로 오르슬었물

愛着貪慾
사람과 마음을 덮어 어리석게하는 것은 애착과 탐욕이다
(사십이장경)

만일 조금 들어 아는 것 있다하여 스스로 대단한 체하며
남에게 교만하게 굴면 장님이 촛불을 잡은 것 같아 남을 비추어주면서
자신은 밝히지 못한다. (법구경)

153

가지 떼기

가엾이 여기는 마음은 뿌리가 되고 상냥한 말씨는 줄기가 되고
참는 마음 너울너울 가지가 되고 보시는 주렁주렁 열매가 된다. (대장부론)

게으름은 더러움에 이르는 길이요 정진은 깨끗함에 이르는 길이다.
방일은 마음을 어지럽게 하는 길이요 한결같은 마음은
고요에 이르는 길이요. (불설문수사리정률경)

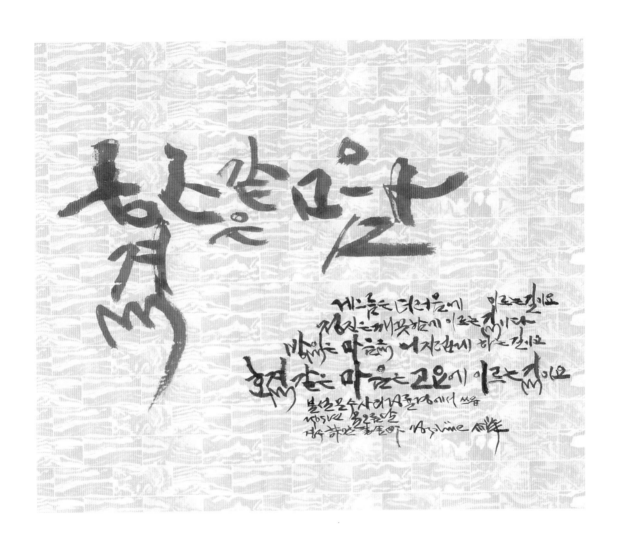

게으른 더러움에 이르는 길이요
정진은 깨끗함에 이르는 길이다
방일은 마음을 어지럽게 하는 길이요
흐림없는 마음은 고요에 이르는 길이요

불선문수사리설법운에서 쓰옴
2005년 봄 2른손
제자 하반 書正 Nagshine 金峰

157

달빛이 여름에는 시원하지만 겨울에는 추위의 괴로움을 더해주듯이
세상의 모든 존재는 다 고정된 모습이 없다네 (불소행찬)

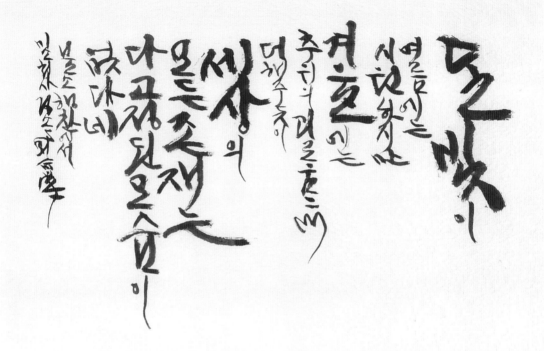

혀를 놀려 거짓말 하지 말고 말로 다른 사람에게 상처를 주지 말라 (불반니원경)

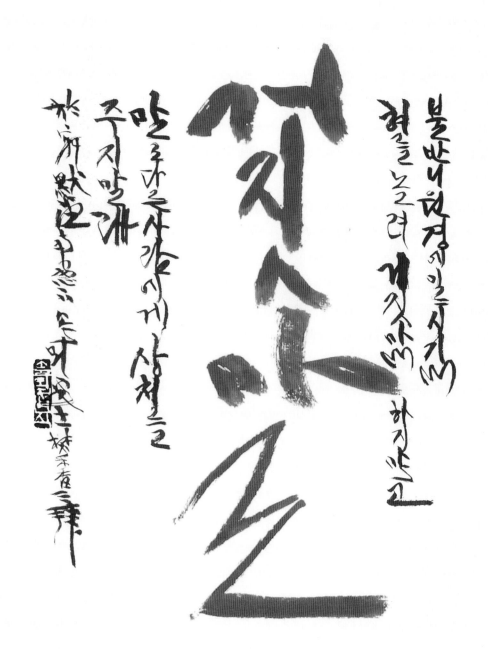

어리석은 사람은 남의 악만 볼뿐 자신의 악은 볼 줄 모르며
어리석은 사람은 자신의 선만 볼뿐 남의 선은 볼 줄 모른다. (법률삼매경)

善 惡

어짊은 사람은 남의 악을 안보는 법
자신의 악을 뉘우칠뿐
명덕은 본래는
자신의 他人의 나라뿐
他人의 악을 꾸짖을뿐
吧는 惡을 屋때下
오늘날도 그렇지
吧는 他마치 惡의 쪽에선 없음

속이지마라, 성내지 마라, 많음을 구해 탐심을 내지마라
이 세 가지를 법답게 행하면 죽어서 곧 천상에 나리라. (법구경)

죽어서라도
천사에게나리라

이세상크는
해가없듯

앞은산보다
산봉우리없고

죽어서라도
산봉우리되리라

사람보다
큰사람없소

어디

잘 덮인 지붕에는 비가 새지 않듯이
수행이 잘된 마음에는 욕망이 스며들 틈이 없다. (법구경)

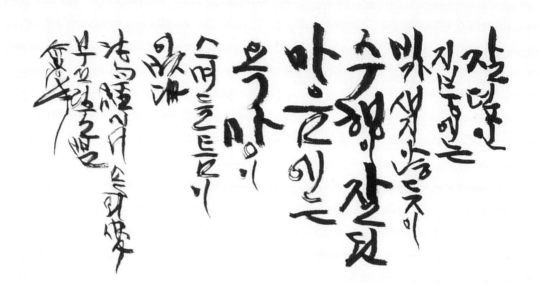

인간의 욕망은 모두가 덧없어 마치 물거품 같고 허깨비 같으며
야생마 같고 물속에 비친 달 같으며 뜬구름 같다. (화엄경)

야칙기노으막는
모드가다와여 마치
물기울치같고 베끼비가고
야썩마시고 물소리에 비치낳는산으며
다르르같다 으여음니다
찬르갇ㅅㄴ르치에없ㄴ그ㅁ 墨

모든이
비친깊은

세상의 모든 향기 중에 가장 훌륭한 향기가 세 가지 있으니
첫째가 지계의 향기, 둘째가 배움의 향기, 셋째가 보시의 향기이다. (잡아함경)

布施의 香氣

시비 뱉고 布施의 香氣

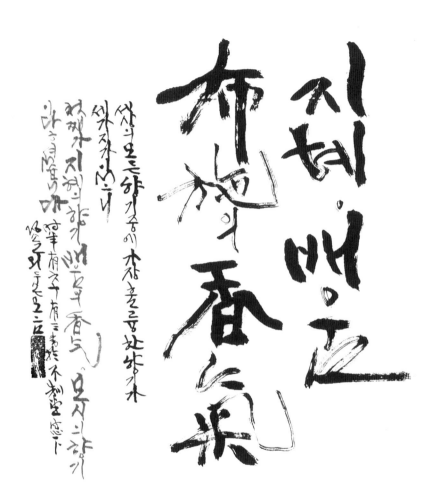

명예욕과 탐욕 그것은 아침 이슬과 같고,
고통과 번민 영화와 출세 그것은 저녁 무렵의 연기이다. (초발심 자경문)

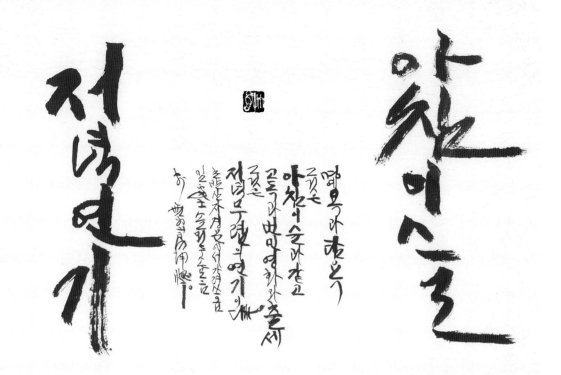

저녁연기

아침이슬

뗘모가 춤으 그림스 아침이슬 고를가 버리로하가 출세 그림스 저녁연기 어려 기쁘 ... 오늘도 그려막주거날 ... 소나무 그려가지고 ... 어무엇으로 用勝・

173

공덕을 파괴하는 도둑은 노여움보다 더한 것이 없다. (유교경)

앉아 있다고 해서 그것을 좌선이라 할 수 없다.
현실 속에 살면서도 몸과 마음을 움직이지 않는 것을 좌선이라한다. (유마경)

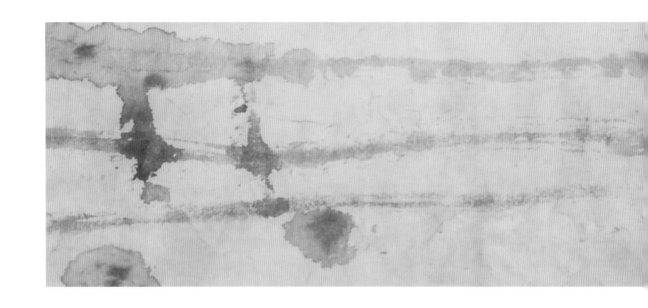

입으로는 전 할 수 없으니 어찌 하오리까?

한 뼘 앞을 알 수 없는 세상살이 묘한 이치 앞에 인문과 철학 그리고 영적인 심성인 예술이 살아나지 않는다면 인간의 감성은 신기술의 노예가 되어 자신의 삶을 억울하게 소진하고 말 것이다. 항상 명예는 반드시 삐걱거림을 낳게 되고 권력은 화무십일홍이며 거짓과 위선 독선과 편견으로 이분화된 지식은 다툼의 쟁기가 되고 만다. 종교적 수행은 자신의 근원적 존재 자리를 찾는 참 맛 있는 깊이이고 들뜸을 가라앉히는 일이다. 산다는 것은 어디에서 와서 무엇을 추구하며 어디로 갈 것인가 살피고 찾아가는 인생의 순례길 에서 진정 나는 누구인가를 찾는 영원한 수행인 것이다. 부지불식간의 호흡의 출입처를 알아차리고 내 발밑을 살피고 좌선과 명상을 통해 자아본질을 깨닫고 자력성도라는 본래 지닌 불성을 찾고 도피안에 이르며 생이 끝나는 그 자리가 절대적 자유의 열반락의 자리이다. 운이 좋게도 바른 정법의 불교와 인연의 고리가 가풍으로부터 훈습되어졌고 전업 서예가로서 훌륭한 사찰이 안고 있는 주련과 현판을 찾아나서는 일은 나에게 여행과 공부 그리고 반성의 시간을 준다. 이런 나의 삶은 물들고 깊어져 나만의 108배 내용을 만들어 절하고 좌복에 앉아 호흡도 챙겨보고 작품글제를 들고 앉아 문자명상에 들기도 한다. 다행이고 고맙다. 작품 108편으로 장엄된 부처님 말씀을 읽으면서 절도 하고 작품 바깥의 영적 세계를 더듬어 보는 일도 깊은 의미가 있으리라 생각하며 스스로 기뻐 내가 만든 내 삶의 적멸보궁에 먼지 한 톨 끼지 않게 하고 싶다.

수행인은 독화살을 담박에 뽑아 낼 수 있는 힘을 길러야한다. 삶을 고통과 비방과 오해 속에 저당 잡히지 말고 현실의 모든 문제를 실존적 자아의 발견으로 고통을 밀어내야한다. 글씨 형상은 제형무상이다 고정되고 영원

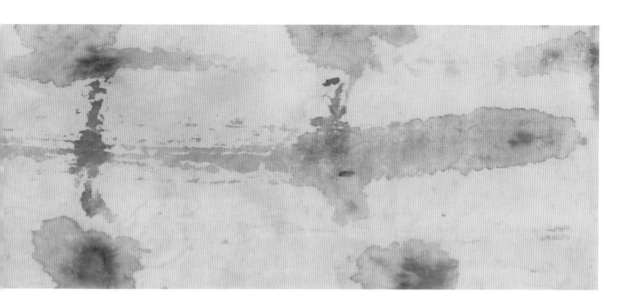

한 실체는 없다. 무아의 공사상을 증득하여 고통을 직시하고 원인을 이해하고 집착을 제거하기 위한 수행은 치열하여야 한다. 외로움을 해결하고 미래에 대한 불확실에 자신만의 묘법으로 심리적 자재와 절제 능력을 키워 생을 다하는 날까지 밝고 맑은 심개(心開)한 정신으로 활동정진 할 수 있는 것이 최고의 행복인 것이다. 수행자는 선정에 빛나고 해와 달은 낮과 밤에 빛난다. 우리 모두는 창백한 푸른 점 지구의 주인이다. 한 잔의 차를 마시고 덮었던 책을 매만지고 짙은 먹물과 심사 뒤틀린 붓을 만난다. 몽매한 나를 깨우는 거룩한 행위이며 깨어 있는 순간의식이 깨우침인 것을 믿으며 살아있는 나를 만난다. 옛 어르신은 만권의 책을 읽거나 만리를 여행하고 정사유와 사색만이 깊이고 답이라 하셨다. 자신만의 어법으로 말할 수 있고 개오(開悟)한 자신의 눈으로 세상을 독법 할 수 있어야 한다. 서예가 인문 담론이 되면 書의 道가 된다.

정보에 갇힐수록 늘어나는 정보 탓에 무지는 커지고 속도라는 시간 속에 갇혀 죽어가고 있다. 깊은 침묵의 공간 속에 홀로 있기를 감내하고 즐길 때 우리는 주어진 시간 밖의 시간 속에 살게 되는 것이다. 서예 예술의 천착을 통해 얻은 이 묘함을 마음으로는 알지만 입으로는 전할 수가 없으니 이 어쩌란 말인가. 사방을 둘러보아도 사람 없다 사람은 순간 남을 속일 수 있어도 하늘을 속일 수 없고 자신은 영원히 속일 수 없다. 나는 어디에 있는가! 나는 진정 나인가 묻고 답한다. 이 공부를 통해 귀한 불보살도 만나고 길을 묻고 찾고 있다. 나는 현재 진화중이고 묵희선열(墨喜禪悅)의 길 위에 있다. 도움 받은 것에 부끄럽지 않게 성심 다해 나의 길이 법이 되는 새 길을 열어 놓을 것이다. 앞산 송화산에 산 벗이 화들짝 웃고 산 꿩이 놀라 난다.

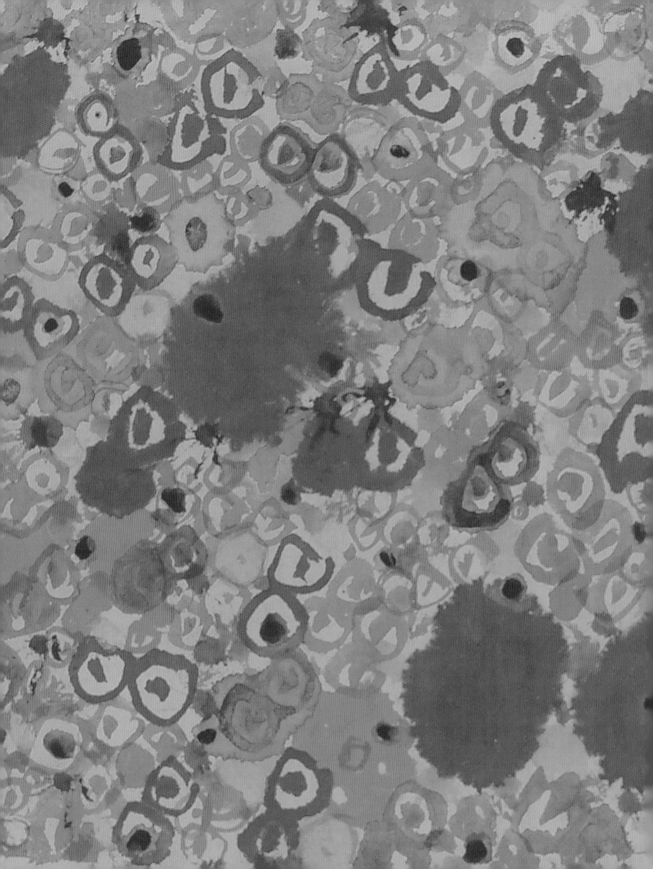

참는 마음 너쁨너쁨 가지가지고

작은 명예와 이익을 구하다가 도리어 큰 손실을 보게 되나니
제몸을 위하여 예의를 돌아보지 않으면 현재에는 허명을 얻고
미래에는 괴로움의 갚음을 받는다. (백유경)

어리석은 자는 한 평생 어진 이를 가까이 섬길지라도 진리를 깨닫지 못한다.
마치 숟가락이 국 맛을 모르듯이 지혜로운 이는 잠깐이라도 어진 이를 섬기면 곧 진리를 깨닫는다.
혀가 국 맛을 알듯이 (담마빠다)

숙제가이
죽엄을
오르다지ㅣ
ㅁ

모르다지ㅣ

머리ㅇ자는 산책생을
덫을를가까· 섭근지가도
집기를깨닫지못한다
마치ㅅ숙제가이 죽엄을

지게로·모ㅣ는
잠까가ㄴ어지ㅣㄹ르
삶가만 곧집기를깨닫는때

오른드지ㅣ
머리 죽엄·ㅣㅁ

머리 죽엄·ㅣㅁ
오른드지ㅣ
청워자ㅇ戱盞畵書째삐
겨산뼈쓸음깞는디
ㅇㅏ맘까ㅓㅇ

무상하여 정해진 기약도 없지만 죽음이라는 원수는 늘 따라다니며
엿보므로 나는 지금 이 순간 진리를 구하기로 결정 한다네 (불소행찬)

죽음을 이기는 잣수

빨래하여 깨끗해진
개방도 있지만
곪으라는 잣수는
늘 따라다니며 덧보므로
나는 지금 이 손만
진리를 구하기로 결정한다네)

이음의 제사
자음 ...에서 가...에
불순하다 잣의 말씀

처음에는 달다가 나중에 쓴 과일처럼 애욕 또한 그와 같아
나중에 지옥의 고통을 받으며 무수한 겁에 걸쳐 불에 타리라. (법집요송경)

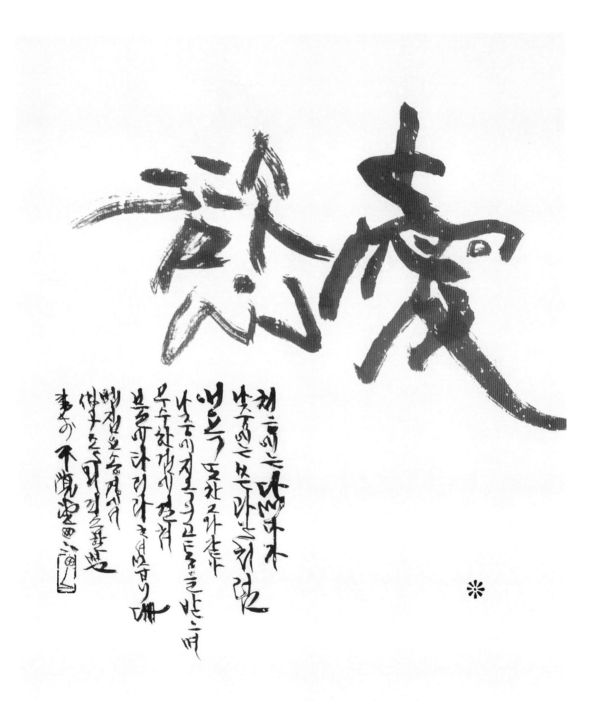

189

興

근거 없는 비방에는 침묵하라.
나쁜 소문은 마음에 담지마라. (잡아함경)

모든 존재는 꿈과 환상, 물거품, 그림자와 같으며
또는 이슬 같고 번갯불 같으니 마땅히 이와 같이 볼 줄 알아야한다. (금강경)

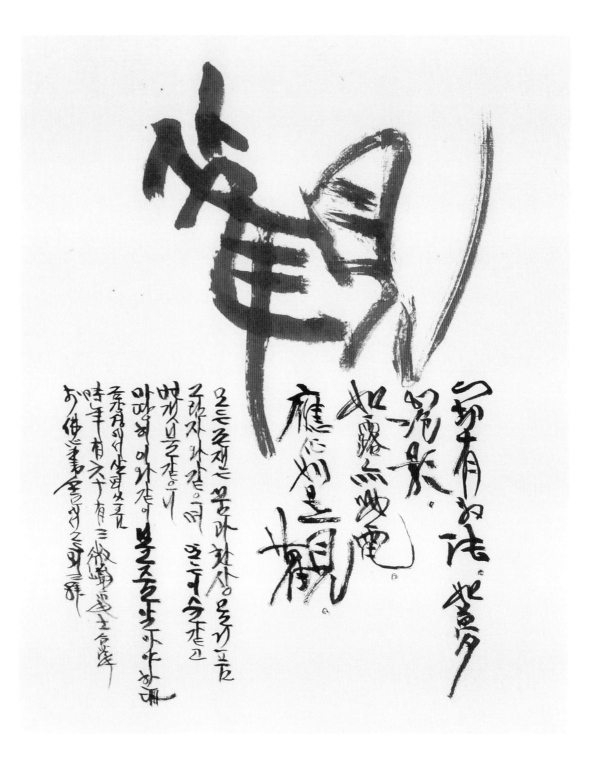

삼일동안 닦은 마음은 천년의 보배요,
백 년 동안 탐낸 물질은 하루아침의 티끌이로다. (자경문)

한 집에 살면서 즐거울 때 같이 즐거워하고,
괴로울 때 같이 괴로워하며 일을 할 때 뜻을 모아 같이하는 것을 가족이라 한다. (잡아함경)

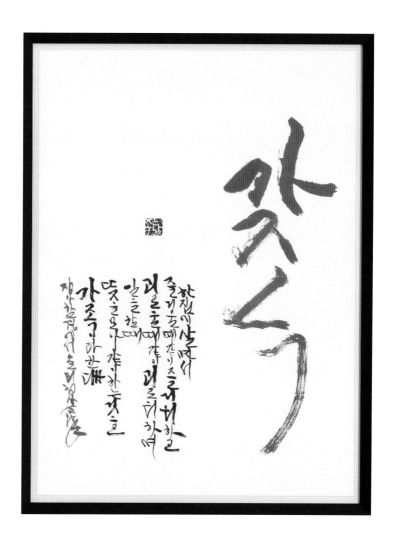

197

항상 참회하는 마음으로 살아야하니 참회하는 마음은 덕망 중에서도 가장 으뜸 되기 때문이다.
참회하는 마음은 마치 쇠갈구리와 같아서 능히 인간의 잘못된 마음을 억제한다.
그러므로 언제나 참회하는 마음을 가져야 할 것이다. (불유교경)

지혜로운 사람은 충고를 듣고 어리석은 사람은 듣지 않는다.
비유하면 저 밝은 거울이 내 얼굴의 결점을 비춤과 같다. (법원주림)

지혜로고 거룩한 스승

지혜로운 사람은 추구르를 두려고
어리석은 스승은 들지 않는다
비유하면
거문고 거기 있더니
연굴로다 격찬으로 비판으나 맞다

백성구라에서
정호에 미륵행

201

해가 뜰 때에 세상을 밝게 비추듯이 부처님의 복전도 이와 같아서
모든 어둠을 소멸하느니라. (화엄경)

벙어리처럼 침묵하고 임금님처럼 말하며 눈처럼 냉정하고 불처럼 뜨거워라.
태산 같은 자부심을 갖고 누운 풀처럼 자신을 낮추어라. (잡보장경)

떡기려하고 참음하고

업무료하고 말하며

文치라 바잡하고

불치라 뜨리시니 派

대신은

느무리를 치라

잡보사 고 잡고

자신은
낮추어라 派

維賢藏 經에서 가려선글
書에 자몯으때뻐
任무거으다 命娄
三菲

205

가족 간에 시기하거나 증오해서는 안 된다.

얼굴은 항상 온화하게하고 서로 멀리 떨어져 있어도 항상 걱정하는 마음을 가져야한다.

아버지의 사랑은 무덤까지 이어지고 어머니의 사랑은 영원까지 이어진다.

그러나 진정한 사랑은 그 영원까지 뛰어넘는다. (무량수경)

아버지의 사랑은

무덤까지 이어지고

어머니의 사랑은 영원까지 이어진다

너그럽게 살아라.
남에게 손해를 입히지 말고 이익을 얻으면 대중과 함께 나눠라. (유행경)

너그럽게 살아라

남에게 손해를 끼치지 말고
이웃을 먼저 하고
대중과 함께 나눠라

유학경전에서 살펴쓰대
博施於濟衆之道로
仁愛慈 博愛思::

위없이 올바른 깨달음을 이루려는 마음을 냈다면
그것이 바로 출가이다. (유마힐소설경)

유마힐소설경에
말씀하시되
위없이 올바르고
일후면 깨달은 그
그것이 곧 깨달은 것을
얻음이라 하니
그러므로 깨달음이
따로이

二千年代 동三월
불교 성일 본 종 林賢書拜

211

나 상불경보살은 그대를 가볍게 생각하지 않습니다.
왜냐하면 그대는 보살의 도를 행하여 반드시 성불할 것이기 때문이다. (법화경)

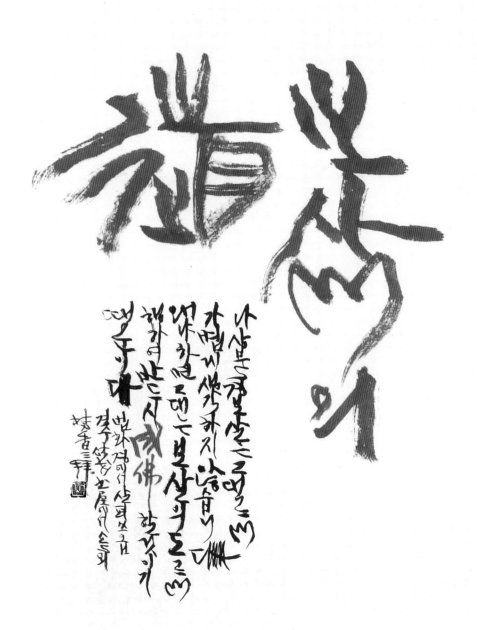

맷돌과 숫 돌은 어느 땐가 모두 닳아 없어진다.
나무를 심으면 자라는 것이 눈에 보이지 않지만 어느새 자라 큰 나무가 된다.

항상 꾸준히 노력하여 마음의 공부를 하다보면
어느새 그 마음의 공부는 깊어져 마침내 불멸의 곳에 이르게 된다. (선림보훈)

말
꽃모두

적으면 적은대로 베풀고 중간정도면
또 그대로 베풀며 많으면 많은 대로 베풀라. (본생경)

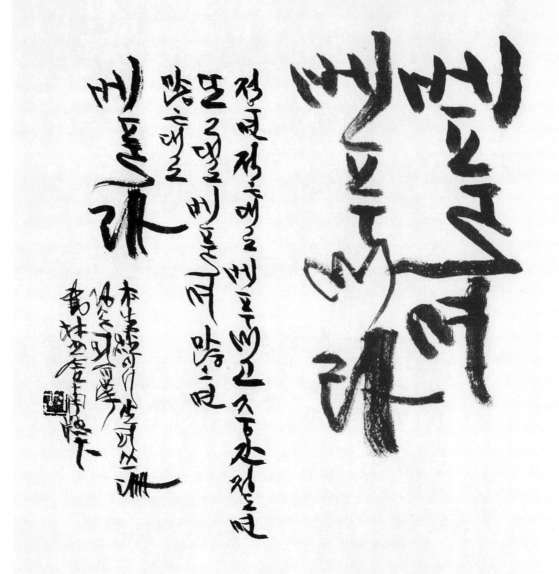

당신은 어떤 사람인가요
이 세상에서 섬기고 공경할만한 일곱 가지의 사람이 있다.
사랑하는 마음을 가진 사람
연민하는 마음을 가진 사람
남을 기쁘게 하는 마음을 가진 사람
남을 보호하고 감싸는 마음을 가진 사람
집착하는 마음을 갖지 않는 사람
부질없는 생각하는 것의 마음을 갖지 않는 사람
바라는 것이 없는 사람
당신은 어떤 사람인가요. (중일아함경)

당신은 어떤 사람을 찾는

당신은 어떤 사람이 不요

부용이나 전단향 같은 꽃향기는 바람을 거스르지 못하지만
덕의 향기는 바람을 거슬러 풍기나니 덕이 있는 사람 그 향기는 두루 퍼진다. (법집요송경)

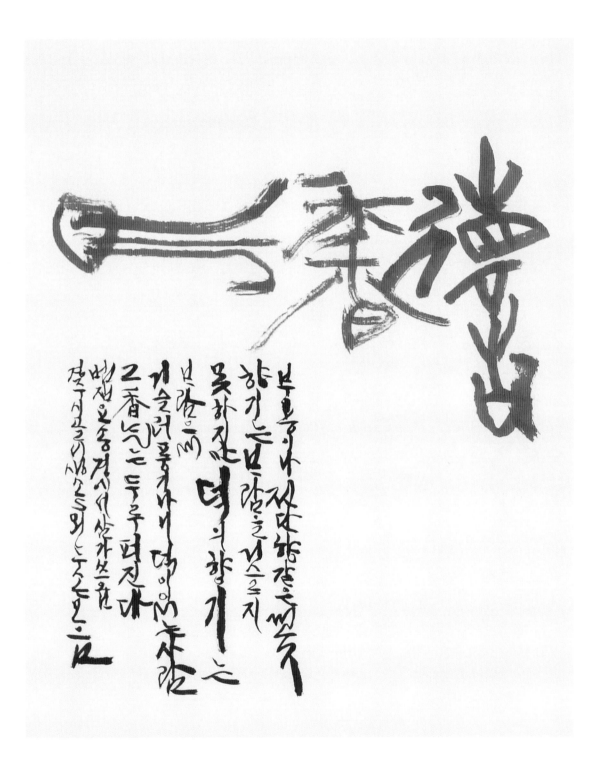

사람으로서 몸과 마음을 닦지 않으면 그것은 마치 뿌리 없는 나무와 같다.
인생도 이와 같아서 덧없는 인생은 찰나 사이에 흘러간다.
그러므로 부지런히 몸과 마음을 닦아 저 영원의 세계로 나아간다. (시가라위경)

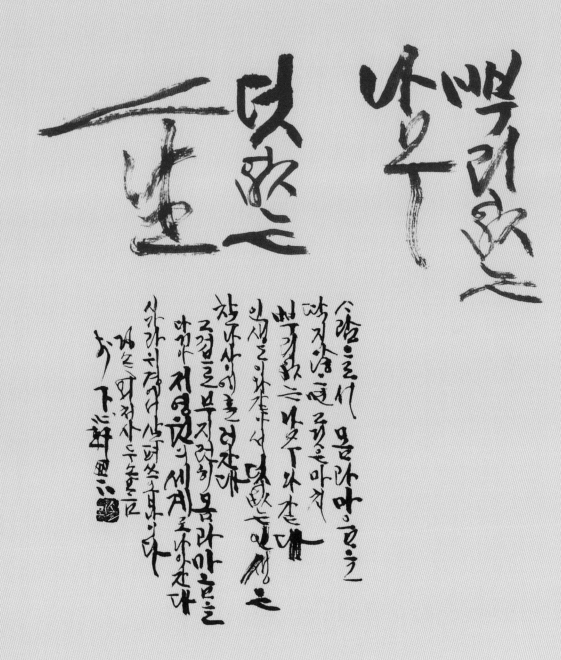

바라기보다 고쳐쓰고 싶은 나

今路로들어 몸과마음을
망가뜨려왔던 그길을마저
바라기보다 바로잡고
인생을 마감하며 망가뜨렸던
참마음이 흘러넘쳐
그길로 부지런히 몸과마음을
바라서 저렇게 세계로나아간다
실수가 무엇인가사랑으로쓰듯이
망은데하서두루쓰고
許 下心井書

항상 노력하라.
그리고 자기가 갈 곳은 자신이 만들어가 대장장이가 녹을 없애듯이
자기 자신의 녹슨 곳을 없애라.
모든 녹을 없애고 악한 행동을 하지 않으면
영원한 세계에 이르게 된다. (소부경)

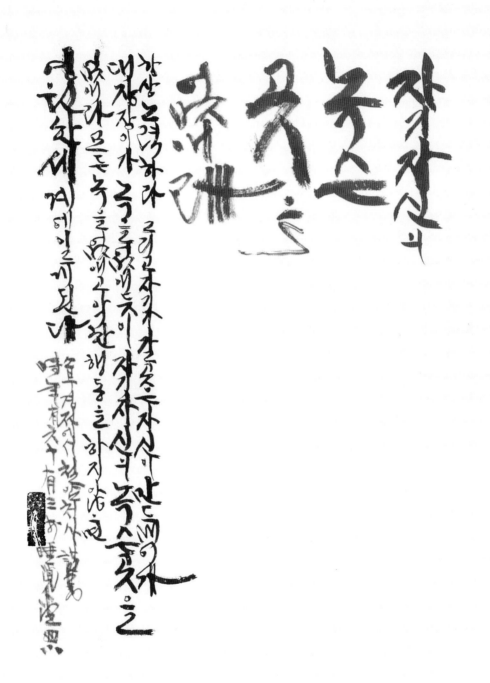

항상 남의 좋은 점을 사랑하고 기뻐하라. (아난분별경)

안분지족에서 맛있는 혹시 살피기고
항상 반의 축복으로
사랑한 기쁜아게되었습니다
시끄러운 소리와 것서
철철하고 기뻐하면 될 지수 德州恣

227

이 세상의 온갖 물욕에 사로잡혀 있는 것이 악이라는 사실을 알고 있는 사람은 많다.

그러나 명예욕에 사로잡혀 있는 것이 더 위험하다라는 사실을 알고 있는 사람은 많지 않다.

물욕은 곧 눈에 띄지만 명예욕은 결코 눈에 띄지 않기 때문이다. (운서주굉)

물욕

명예욕

이 세상긔 온갖 물욕에
살흐럽져 있는 것이 악취가
사살을 알우리는 사람은 많다
그러나
명예욕에 사로잡혀 있는
더러한다가는 사실으를고 있는
사람은 많지않다
물욕는 곧 속에 멎진
명예욕 속고 속에 멎진
우리주위의 많은사람이
슬퍼 오도않았으니

德書川南

229

번뇌를 벗어나는 일이 예삿일이 아니니
마음속 고삐를 단단히 잡고 한바탕 공부할지어다.
한 차례 뼈에 사무치는 추위를 겪지아니하고
어찌 매화가 코를 찌르는 향기를 얻으리오. (황벽 희운선사)

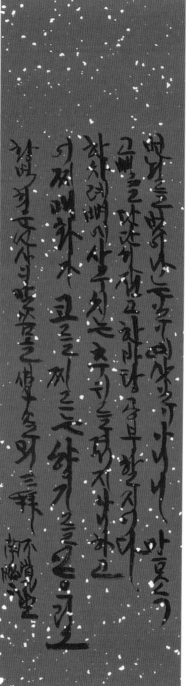

공부하는데 결코 마음에 장애가 없기를 바라지마라.
마음에 장애가 없으면 배우는 것이 넘치게 된다.
그래서 부처님께서 장애 속에 해탈을 얻으라고 말씀하셨다. (보왕삼매론)

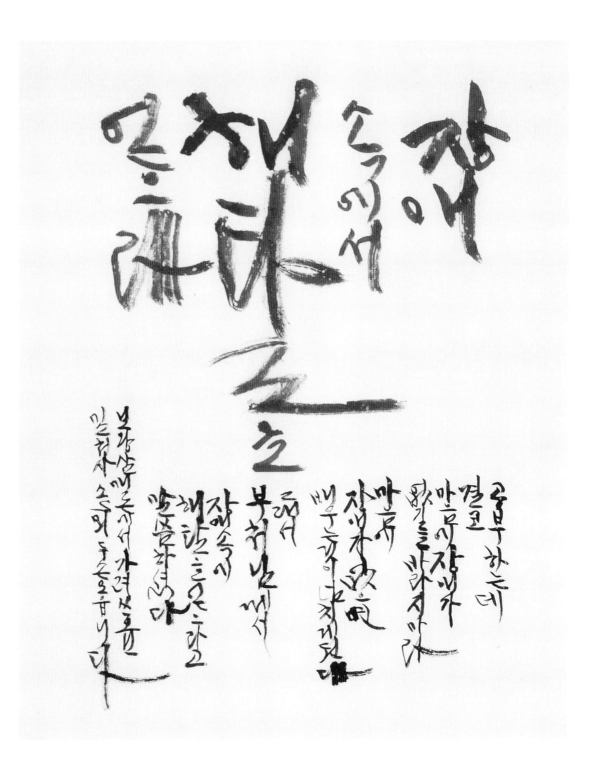

이기심을 채우고자 정의를 등지지 말며 원망을 원망으로 갚지 말라. (잡보장경)

26품의 병풍은 나를 이끌어 주는 묘한 도리

법구경의 말씀은 부처님 가신지 한세월(약300년)이 지나 여러 경론 중에서 채록한 말씀을 싯구(詩句)의 형식으로 엮었다. 26품으로 구성된 내용에서 가려 뽑아 26폭의 병풍으로 창작하였다. 한 말씀 한 장(章)을 가슴으로 새기고 안으며 어느새 불보살의 가피에 낮은 자세로 초발심의 깊은 환희심을 가슴까지 흐느끼게 될 것이다 이것이 따스한 중생들의 청정 본래심의 아름다운 자리이다.

아침에 올린 108배의 온기가 등짝까지 훈훈하다 참 좋다. 나의 본래 마음자리를 만나는 귀한 자리이다. 무릎에 소리가 가끔 나기도 하지만 잘 다스리면 한동안 더 할 수 있을 것이다. 앞산 토함산 자락에 하루도 걸리지 않고 수행자의 모습처럼 떠오르는 햇살의 기운이 장엄이다. 나의 처소는 참 복전(福田)이다.

나의 삶은 엄나무 가시에 찔린 듯 화끈거린다. 스스로 다급하게 회초리 치고 토닥거리며 덜된 모습으로 여기 지금 서있다. 책 안사고 땅 사놓았다면 물욕적인 부자(富者)가 되었으려나 하고 웃어 본다. 그래도 귀한 인연 몇 분 계셔 감사하고 눈물겹다.

담마빠다를 독송하면서 세상을 구제하고 세간을 지켜가는 일은 하늘 받칠만한 기둥 같은 진리가 아니라 한 뼘 한자국 수행하고 정진하는 작은 일상의 한결같은 행함에 있다고 알아 차렸다. 자기의 존재적인 본질적 상황을 거듭 보살피고 참회하며 작은 마음자리라도 보시와 회향의 낙처를 찾고, 득력한 수행의 힘으로 자기에게도 이익 되고 남에게도 이익 되게 사는 것이 가장 높은 도리인줄 알면서도 내 공부가 부족하여 안되는 것이 늘 부끄럽다.

천년수도 적연당(寂然堂) 봄 햇살아래에서 불제자 철암 처사 恭心 頂禮

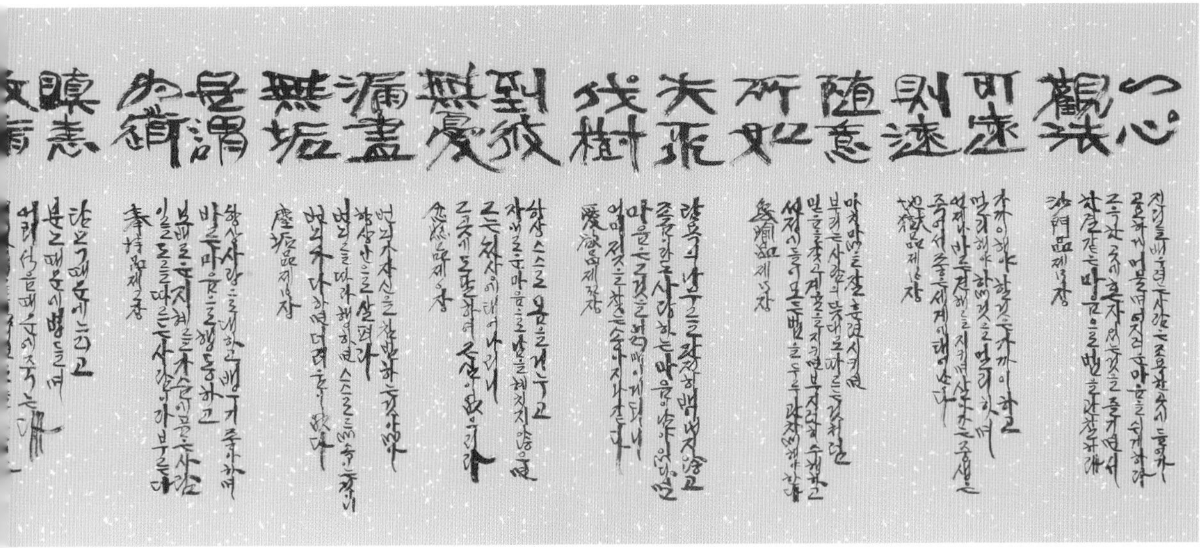

26품의 병풍은 나를 이끌어 주는 묘한 도리 | 15×46cm×26폭

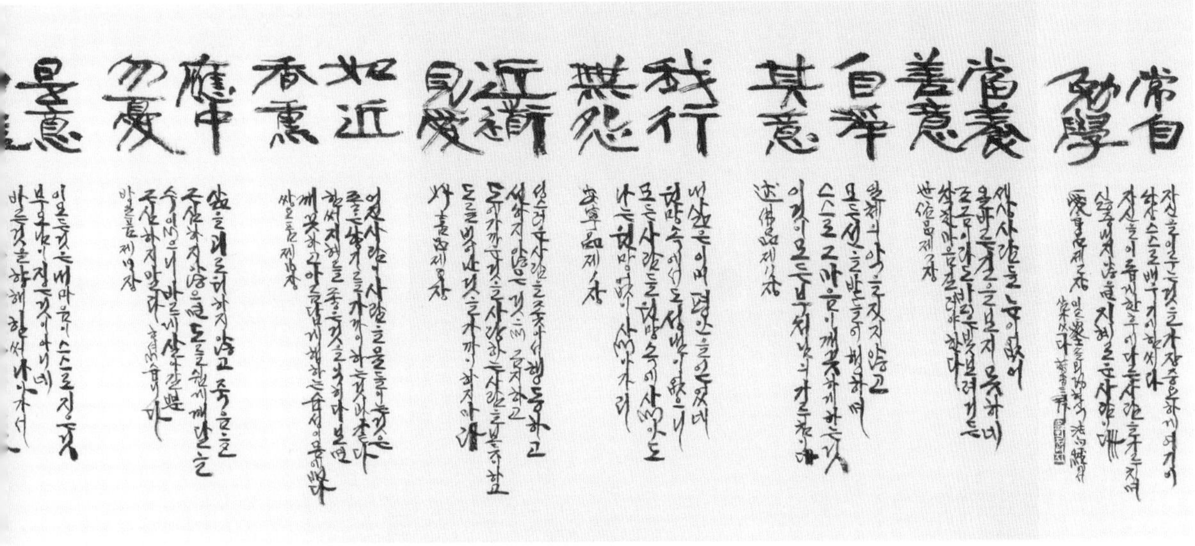

26품의 병풍은 나를 이끌어 주는 묘한 도리 | 15×46cm×26폭

초판 1쇄 발행일   2021년 05월 19일

저자   솔뫼 정현식
             경북 경주시 야척안길 38 솔뫼정현식문자예술연구소

발행인   정호스님
편집인   현법스님
발행처   대한불교조계종 불교신문사

책임편집   하정은
디자인   김의동

출판등록   등록 제300-270-133호
주소   서울시 종로구 우정국로 67 전법회관 5층
전화   02)733-1604
팩스   02)3210-0179

ISBN 979-11-89147-14-3 03220

값 30,000원